BEEREN & FRÜCHTE

Barbara Holle

BEEREN & FRÜCHTE

Mit 103 Rezepten,
exklusiv für dieses Buch
fotografiert von
Hans Joachim Döbbelin

SIGLOCH
Edition

INHALT

Beeren und Früchte haben immer Saison   5

Heimische Früchte   8

Zauber der exotischen Früchte   18

Die Familie der Zitrusfrüchte   24

Tipps und Tricks zum Konservieren   26

Früchte – gesunde, kalorienarme Fitmacher   28

Hier gibt es immer wieder Neues zu entdecken: ein sommerlicher Einkauf auf dem Markt.

Rezepte

Salate, Suppen, Vorspeisen und kleine Gerichte   30

Hauptgerichte mit Früchten und Fruchtsaucen   74

Fruchtige Desserts, Kuchen und Sorbets   104

Getränke mit und ohne Alkohol   146

Marmeladen, Gelees & Co.   170

Die Rezepte nach Gruppen   186

Die Rezepte alphabetisch   188

Bildquellen, Impressum   190

Zur Abbildung auf Seite 2: Zitrone, Orange und Ananas sind schon lange nicht mehr die einzigen „Exoten". Auch Kiwi, Sternfrucht, Feigen, Papayas und viele andere mehr sind längst ein gewohnter Anblick auf unseren Märkten.

Beeren und Früchte haben immer Saison

Beeren und Früchte gehören zu den ältesten Nahrungsmitteln des Menschen. Ursprünglich waren sie nicht so süß und aromatisch, wie wir sie heute kennen. Deshalb ist man schon immer auf ihre Veredelung bedacht gewesen.

Im Jahr 74 v. Chr. brachte der römische Feldherr und Feinschmecker Lucullus Edelkirschen aus Kleinasien nach Rom, und auf dem Wege der Eroberungen durch die römischen Legionen gelangte das Wissen vom Obstan-

bau nach Germanien und in die anderen römischen Nordprovinzen. Um das Jahr 500 n. Chr. gab es in Franken bereits veredelte Obstbäume. Die meisten heutigen Früchte sind das Ergebnis langer Züchtungen. Durch gezielte Fortpflanzung entstanden immer mehr veredelte Sorten. Nicht jede Neuzüchtung bringt aber auch eine Verbesserung. Die Vereinheitlichung der Früchte in Form und Farbe geht oft auf Kosten des Geschmacks. Manche Sorten sind im Laufe der Jahrhun-

Wer könnte dieser farbenfrohen Verlockung widerstehen: saftige und erfrischende, süße oder säuerliche Früchte in Hülle und Fülle.

schlackend, enthalten viele lebensnotwendige Vitamine, Mineral- und Ballaststoffe und sind überdies kalorienarm. Deshalb sollte man sie nicht nur zum Abschluss eines Menüs reichen. Früchte als Beigabe zu Fisch und Fleisch zu servieren, hat eine lange Tradition. Erst im 16. Jahrhundert wurde es während der Renaissance in Italien Sitte, Früchte am Schluss der Mahlzeit als „Dessert" zu servieren; in früheren Jahrhunderten kam alles zugleich auf den Tisch.

Fruchtfamilien

Zum *Kernobst* gehören die Arten, die aus der Familie der Rosengewächse stammen. Quitten, Äpfel und Birnen sind Sammelfrüchte. Das Fruchtfleisch besteht aus der Blütenachse, die mit dem Kernhaus fest verwachsen ist. Zum *Steinobst* rechnet man alle Früchte, die einen Steinkern besitzen. Hierzu gehören Kirsche, Aprikose, Pfirsich, Nektarine, Pflaume, Zwetschge, Reneklode, und Mirabelle. Ihr botanischer Familienname lautet *prunus*. Kleine, saftige Früchte wie Erdbeeren, Himbeeren, Heidelbeeren, Johannisbeeren, Preiselbeeren, Stachelbeeren, aber auch Weintrauben werden unter dem

Märkte – heute wie einst in aller Welt beliebt. Ob wie hier in Holland ...

derte auch wieder verschwunden, wie die kernlose Apfelsorte, von der uns der römische Dichter Plinius berichtet. Seitdem ist diese Zuchtleistung nicht mehr erreicht worden.
Heimische Früchte sind heute fester Bestandteil gesunder Ernährung und auch die exotischen Früchte bieten für jeden Geschmack etwas. Im Folgenden werden einheimische Früchte vorgestellt, die man bei uns anbietet, anbaut und erntet, aber auch Früchte, die von weither zu uns exportiert werden. Sie alle sind bekömmlich, wirken ent-

Oberbegriff *Beerenobst* zusammengefasst. Es handelt sich hier um die Fruchtformen der „bedecktsamigen Pflanzen", bei denen die Fruchtwand einen oder mehrere Samen umschließt. Zum *Schalenobst* zählen alle Nüsse.

Die geläufige Bezeichnung *Südfrüchte* ist zwar ungenau, aber sehr verbreitet. Hierzu zählt man Bananen, Feigen, Orangen, Zitronen – alles Früchte, die aus südlichen Ländern stammen.

Die Früchte der Rautengewächsgattung *Citrus* werden gerne unter der Sammelbezeichnung *Agrumen* (vom italienischen agrumi = säuerliche Früchte) zusammengefasst. Ebenso gut können wir den Begriff Zitrusfamilie für all die Früchte der Pflanzen verwenden, die einst in China und Süd- bzw. Südostasien beheimatet waren. Bei diesen Früchten handelt es sich um eine Beerenfrucht-Familie. Ins Fruchtfleisch eingebettet sind die Samenkerne. Eine feste äußere Schale und eine weiße Innenschale umschließen das Fruchtfleisch. Die einzelnen Verwandten sind uns wohl bekannt: Zitrone, Orange, Grapefruit und Mandarine gehören dazu, um nur einige zu nennen. Die Familie der *exotischen*

... oder in der Türkei.

Früchte, deren Vertreter meist fremd- und wohl klingende Namen tragen, ist nicht so einfach zu beschreiben. Uns einigermaßen vertraute Früchte wie Ananas, Kiwi und Datteln gehören dazu wie auch Kaktusfrüchte, Mango und Papaya. Einigen wir uns darauf, dass sie alle aus fremden, oft sehr weit entfernten Ländern kommen und unseren Speiseplan vielfältig bereichern.

HEIMISCHE FRÜCHTE

Aus Äpfeln Hochprozentiges herzustellen, hat eine lange Tradition. Zu Cäsars Zeiten bereiteten die Gallier bereits einen Apfelwein aus den Früchten der wilden Apfel- und Birnbäume. Wer erstmals die Idee hatte, aus Äpfeln einen Branntwein, den Calvados, zu destillieren ist nicht bekannt.

Apfel

Der wilde Holzapfelbaum, Bestandteil der Kiefer- und Laubwälder Asiens und Europas, ist der gemeinsame Stammvater all der vielen Sorten. Unsere Vorfahren scheinen den sehr herb schmeckenden Holzapfel nicht verschmäht zu haben. Schon vor 6000 Jahren genoss der Steinzeitmensch den gesunden Biss in den Apfel und hinterließ uns Nachkommen Apfelkerne, die durch Ausgrabungen wieder ans Licht kamen. Der Apfel gehört somit zu den ältesten Früchten der Erde.

Wie so vieles, lernten die Germanen Zuchtäpfel bei den römischen Eroberern kennen und begannen sogleich mit weiteren Veredelungsversuchen. Karl der Große war ebenfalls ein Liebhaber des Apfels und setzte sich besonders für die Anlage von Apfelkulturen ein.

Wie wichtig der Apfel für unsere Gesundheit ist, geht aus einem englischen Sprichwort hervor: „An apple a day keeps the doctor away."– „Ein Apfel am Tag macht den Arzt überflüssig". Das im Apfel enthaltene Apfelpektin ist ein natürliches Antibiotikum und wirkt keimtötend und antibakteriell. Je nach Darreichungsform und Dosierung kann der Apfel bei den verschiedensten Krankheiten helfen.

Und auch für die Schönheit ist er gut, was schon unsere Urgroßmütter wussten: Apfelblütenwasser war ein Geheimrezept für einen schönen Teint.

Wie kaum eine andere Frucht hat der Apfel Eingang in Legenden, Märchen und Volksbrauchtum gefunden. Und schon immer war er ein Symbol für Liebe, Schönheit, Jugend, Fruchtbarkeit, ein Symbol für Weiblichkeit schlechthin.

Birne

Wie Apfel und Quitte gehört der Birnbaum zur Familie der Rosengewächse. Im antiken Griechenland ist es wohl erstmals gelungen, den einst kleinen, struppigen Baum mit den dornigen Zweigen so zu veredeln, dass er statt saurer Holzbirnen große, süße Früchte trug. Diese Kunst der Veredelung wurde von Roms Gartenbauexperten übernommen, und im 1. Jahrhundert n. Chr. fanden sich über 40 Birnensorten in römischen Gärten. Heute sind Birnen begehrte Tafelfrüchte und auch gut zur Konservierung geeignet. Angebaut werden sie in fast allen gemäßigten

Klimazonen. Sie sind sehr reich an Mineralstoffen, haben weniger Fruchtsäure als Äpfel und eignen sich gekocht hervorragend als Diätkost, was schon seit Jahrhunderten bekannt ist.

Dass wir Apfel und Birne oft in einem Atemzug nennen, kommt nicht von ungefähr – schließlich tauchen sie in unseren Gärten meist als „Paar" auf. Während der Apfel das weibliche Element symbolisiert, steht der Birnbaum für das männliche. Darum rankt sich mancher Volksglaube. Apfel- und Birnbaum wurden durch diese Symbolik als „Früchtepaar", als Liebesorakel benützt. Außer als Früchtespender, Arzt und Heiratsvermittler wurde der Birn-

baum auch als wertvoller Holzlieferant geschätzt. Sein hartes, aber feines und sehr gleichmäßiges Holz hat es Bildhauern und Holzschnitzern besonders angetan.

Quitte

Quitten sind seit Urzeiten eine wichtige Frucht gewesen, die besonders in südlichen Ländern sehr beliebt ist. Dort gibt es Sorten, die so weich sind, dass man sie roh aus der Hand essen kann. Die bei uns angebauten Früchte können allerdings nicht roh verzehrt werden. Das holzige Fruchtfleisch ist hart, und enthält viele Steinkörner. Zum Kochen, Backen, für Marmelade, Saft und Gelee ist die Quitte aber hervor-

Roh sind Birnen- oder Apfelquitten nicht zu genießen. Fabelhaft schmecken sie hingegen, wenn sie gekocht wurden. Und das gilt nicht nur für Gelee und Mus. Das Rezept für das hier abgebildete Quittengelee finden Sie auf Seite 172.

Irgendwann wurden Quitten von den Portugiesen importiert, die dem Fruchtmus den Namen *marmelo* gaben – davon war es nicht mehr weit zu unserem Wort Marmelade. Durch den hohen Pektingehalt eignen sich Quitten gut zum Marmeladekochen. Quittengelee und Quittenlikör waren fester Bestandteil der alten Kochbücher, und seit Selbsteinkochen wieder Mode geworden ist, sind auch Quitten wieder im Kommen. Die verstärkte Nachfrage beweist es.

Die heilsame Wirkung der Frucht wurde schon früh erkannt. Schon im 4. Jahrhundert v. Chr. bezeichnete Hippokrates sie als die für Heilzwecke nützlichste Frucht. Dieser gute Ruf ist der Quitte über lange Zeit erhalten geblieben.

Schon vor rund 3000 Jahren begann man in Griechenland mit der Weintraubenkultur. Durch die Römer gelangte sie auch in die nördlichen Gegenden Europas.

ragend geeignet. Im persischen Raum wachsen Quitten wild. Im Altertum sind sie nach Griechenland gekommen. Ihr lateinischer Name *Cydonia* erinnert an eine Landschaft auf Kreta, die für ihre Quitten bekannt war.

Seit jeher galt die Quitte als Symbol für Liebe und Fruchtbarkeit. Jungvermählte Paare aßen gemeinsam eine Quitte, um für reichen Kindersegen zu sorgen. Die wahrscheinlich erste Süßspeise der Welt wurde aus diesen Früchten hergestellt. Die Griechen kochten Quitten zu Mus, vermengten es mit Honig und nannten den dicken Saft, der dabei entstand, *melimelon*. Fertig war das erste Dessert der Antike.

Trauben

Die beliebteste Beerenfrucht ist die Weintraube. Dionysos, der Gott des Weins, soll einen Weinstock nach Griechenland gebracht haben. Wein gehörte neben Brot zu den Hauptnahrungsmitteln der Antike. In Griechenland setzte man dem Wein wegen der besseren Haltbarkeit Harz zu: Heute heißt dieser Wein Retsina. Schon vor rund 3000

Jahren begann in Griechenland der planmäßige Traubenanbau. Obwohl die Weinrebe aus Kleinasien stammt, gilt heute der gesamte Mittelmeerraum als Wiege des Weins. Daran sind die seefahrenden Phönizier schuld, die die Weinstöcke rund um das Mittelmeer verbreiteten. Durch die Römer gelangte die Weinkultur auch in die nördlichen Gefilde Europas, wo Weintrauben unter klimatisch günstigen Bedingungen auch gedeihen.

Die in Deutschland angebauten Sorten ergeben zwar einen guten Wein, aber zum Rohessen sind sie weniger geeignet. Deshalb werden praktisch alle Tafeltrauben importiert. Die bei uns angebotenen Sorten kommen meist aus Italien, Griechenland, Spanien und Frankreich. Die Trauben, die im Winter und Frühjahr angeboten werden, stammen dagegen aus Übersee.

In der Beliebtheitsskala der Verbraucher liegt die weiße Traube deutlich höher als die blauen Sorten. Vor allem zwei Sorten haben den Markt erobert: Datteltrauben, die in Italien *regina* heißen und sehr große Beeren mit fester Schale haben, und Muskatellertrauben. Sie gibt es auch in blauen Sorten. Muskateller sind auch

die Grundlage für berühmte Weine wie Malaga, Porto und Samos.

Abgesehen von der Wein- und Branntweinherstellung werden die meisten Trauben frisch verzehrt. Unbestritten und seit langem anerkannt ist der hohe gesundheitliche Wert der Trauben.

Erdbeeren

Die Hauptmenge der heimischen Erzeugnisse wird im Juni und Juli angeboten. Von Februar bis Mai müssen wir uns mit Importen behelfen. Im Gegensatz zur größeren Gartenerdbeere sind die kleinen Walderdbeeren mit ihrem unvergleichlichen Aroma am Waldrand zu finden. Schon die antiken Dichter Vergil und Ovid besangen im 1. Jahrhundert v. Chr. den köstlichen Geschmack der Früchte. Gartenerdbeeren sind in vielen Sorten verbreitet. Oft ist Selbstpflücken auf den großen Erdbeerfeldern möglich. Was als Frucht gilt, ist eigentlich der Fruchtboden, auf dem die kleinen Kerne sitzen.

Brombeeren

Sie werden auch als Kroatz- oder Kratzbeeren bezeichnet. Brombeeren sind von Juni bis September

Viele große Erdbeerplantagen bieten auch die Möglichkeit, die Früchte zu einem günstigen Preis selbst zu pflücken. Ein Angebot, das gerne wahrgenommen wird.

Heidelbeeren

Sie werden auch Blaubeeren, Bickbeeren, Schwarz- oder Moosbeeren genannt. Heidelbeeren gehören zu den Wildfrüchten. Allerdings gibt es eine Zuchtform, die an 60–100 Zentimeter hohen Büschen wächst. Die größeren Früchte haben festeres Fleisch.

Himbeeren

Es gibt sie von Ende Juni bis September. Wie bei den Erdbeeren schmeckt auch die wild wachsende Schwester der Himbeere besser und intensiver. Seit dem frühen Mittelalter wird sie kultiviert. Man isst sie in der Hauptsache roh oder macht Gelee, Desserts und Kuchen aus ihr.

Wenn die Holunderfrüchte reif sind, lassen sie sich zu vitaminreichem Holundermus einkochen. Dieses Rezept finden Sie auf Seite 184.

Rechte Seite: Der säuerliche Johannisbeersaft ist vitamin- und mineralstoffreich und hervorragend geeignet für den Johannisbeertee. Das Rezept für diese Eistee-Variante finden Sie auf Seite 166.

ber erhältlich. Man kann sie auch einfrieren. Wild wachsende Beeren haben ein besseres Aroma als in Kultur gezogene. Im antiken Griechenland hießen sie Titanenblut. Man kann Marmelade, Gelee, Obstwein, Likör und Schnaps aus ihnen machen.

Hagebutten

Sie sind die Früchte der wilden Heckenrose und werden im Herbst reif. Hagebutten sind sehr vitaminreich und im Inneren der Früchte sitzen viele kleine Kerne, die entfernt werden müssen. Aus den getrockneten Früchten kann man Tee machen, bekannt ist auch Hagebuttenmarmelade und -gelee.

Holunder

Der Holunderstrauch wächst wild an Wald- und Wegrändern. Man nennt die Beeren auch Holler- oder Fliederbeeren. Die kugeligen schwarzen Beeren werden Ende September reif. Aus Holunderblüten kann man Tee machen oder Hollersekt herstellen, auch gibt es Holunderküchlein, wobei die Holunderblüten ausgebacken werden. Aus den kugeligen schwarzen Beeren wird Sirup, Saft und Branntwein hergestellt.

Einfach unwiderstehlich – selbst gemachter Schnaps oder Likör aus Schlehen.

Johannisbeeren

Ende Juni bis Ende Juli ist ihre Hauptsaison. Es gibt weiß-gelbe, rote und schwarze Sorten. Schwarze Johannisbeeren heißen auch Gichtbeeren. Roh schmecken sie fast bitter. Man macht daraus Saft, Süßmost und Sirup, sie eignen sich für Marmelade und Gelee. Der berühmteste Johannisbeerlikör, der französische Cassis, stammt aus der Gegend von Dijon.

Der Anbau und die Verarbeitung der weißen Johannisbeere mit ihrem säuerlichen Geschmack ist schwierig, da sie sehr empfindlich ist. Deshalb hat sie auch keine große Marktbedeutung. Rote Johannisbeeren haben den größten Marktanteil. In Österreich nennt man sie Ribisel, im Schwabenland Träuble. Sie schmecken herb-süß und man verwendet sie für Saft, Gelee, Marmelade, Süßmost und Beerenwein.

Preiselbeeren

Kronsbeere, Riffelbeere und Fuchsbeere wird sie auch genannt. Im Spätherbst ist die herbe, leuchtend rote Beere reif. Cranberries, die größere Variante aus den USA, gibt es neuerdings auch bei uns zu kaufen. Sie wachsen auf Hochmoor- und Heideböden, an sonnigen Hängen und im lichten Hochwald.

Sanddorn

Mit Vorliebe siedelt sich der auch Stech-, See-, Haff- und Weidedorn genannte Sanddorn auf Kies- und Sandbänken an Flüssen an. Der stark verzweigte Strauch kann bis zu 6 Meter hoch werden. Bereits im Mittelalter wusste man vom gesundheitlichen Wert der Früchte, die viel Vitamin C, B und E und das Provitamin A enthalten.

Schlehen

Die weiß blühenden Sträucher tragen im Spätherbst blauschwarze Steinfrüchte. Ihr herber Geschmack ist nach dem ersten Frost angenehmer. Man sollte sie nach dem Sammeln gleich verarbeiten. Schlehengeist, -sirup, -süßmost, -marmelade und -likör schmecken vorzüglich.

Stachelbeeren

Die grüngelben oder rötlichen Stachelbeeren werden von Juni bis August geerntet. Die Schale kann glatt oder behaart sein. In Deutschland werden die meisten Stachelbeeren erzeugt. Sie enthalten Vitamin C und gelieren leicht.

Kirschen

Kirschen gehören wie Zwetschge, Pfirsich und Aprikose zum Steinobst. Der römische Feinschmecker Lucullus hat die Kirsche aus dem Städtchen Kerasos, heute das türkische Küresin, im Jahre 74 v. Chr. mitgebracht. Bis die römischen Legionen den Kirschbaum nach Gallien und an den Rhein brachten, verging noch einige Zeit. Da die vorhandene kleine Wildkirsche geschmacklich nicht befriedigen konnte, ließ Karl der Große Edelkirschen im Rheinland anpflanzen.

Alle heutigen Kirschen sind einer Familie entsprossen, die durch Züchtungen und Kreuzungen sehr zahlreich geworden ist. Grob eingeteilt werden sie in zwei Gruppen: in *prunus cerasus* (Sauerkirschen) und in *prunus avium* (Süßkirschen). Süßkirschen werden wieder in zwei Sorten, in die weichen Herzkirschen und die festeren Knorpelkirschen unterteilt.

Sauerkirschen gediehen in unseren Breiten schon, ehe die süße Schwester aus dem Süden kam. Man teilt sie ein in Echte Sauerkirschen (Morellen) und in Bastardkirschen (Kreuzungen aus Süß- und Sauerkirsche). Die Echten Sauerkirschen zerfallen in Weichseln (dunkel) und Amarellen (können auch hell sein).

Pfirsiche, Nektarinen, Aprikosen

Alle drei gehören zum Steinobst; die frostempfindlichen Früchte benötigen mildes, warmes Klima und werden, neben einigen wenigen Gebieten in Deutschland, in allen südlichen Mittelmeerländern, in Südosteuropa, Israel, Australien, Nord- und Südamerika angebaut.

Aprikosen nennt man in Österreich Marillen. Weltruhm hat der süße österreichische Marillenlikör erlangt.

Vom Ursprungsland Armenien sollen die Aprikosen einst über Griechenland nach Italien gelangt sein. Die meisten Aprikosen werden frisch verzehrt oder zu Marmelade verarbeitet.

Auch der Pfirsich gehört zur großen Pflaumenfamilie. Obwohl man lange Persien als seine Heimat angenommen hat (botanisch heißt er ja „persischer Apfel"), geht man heute davon aus, dass Pfirsiche einst in China beheimatet waren und von dort nach Japan und Persien gelangten, wo sie den römischen Eroberern auffielen. Pfirsiche gehören zum aromareichsten und beliebtesten

Eine fruchtige, säuerliche Kirschkonfitüre, am besten selbst gemacht, sollte auf keinem Frühstückstisch fehlen.

Darauf freut sich in der Zwetschgenzeit jeder: saftiger, süß-säuerlicher Zwetschgenkuchen oder wie man in Bayern sagt Zwetschgendatschi (Rezept siehe Seite 58).

Tafelobst überhaupt. Pfirsichbäume können bis zu 6 Meter hoch werden. Die Früchte gehen aus roten, etwa 3 Zentimeter großen Blüten hervor. Daraus entwickeln sich die etwa 7 Zentimeter großen Früchte. Das Fruchtfleisch ist sehr saftig und umschließt einen rauen Kern. Wen die pelzige Pfirsichhaut stört, kann sie leicht abziehen. Während die Pfirsichhaut einen feinen Flaum aufweist, sind Nektarinen glatthäutig. Beide Obstarten sind eng verwandt; Nektarinen sind aber keine Kreuzung aus Pfirsich und Pflaume, sondern eher ein Pfirsich mit glatter Schale. Dieser glatten Schale verdankt die Frucht auch ihre Beliebtheit.

Pflaumen, Zwetschgen, Renekloden

Pflaumen von den Zwetschgen zu unterscheiden bedarf des Kennerblicks. Insgesamt gibt es an die 2000 verschiedene Arten. Die bei uns angebauten Pflaumen sind meist rundlich-oval, die Farbe kann von rötlich-blau bis ins Violette gehen. Das gelbgrüne Fruchtfleisch ist saftig und aromatisch.

Der Laub abwerfende Pflaumenbaum stammt aus dem Nahen Osten. Schon lange vor Christi Geburt waren Pflaumen im Kaukasus und am Kaspischen Meer bekannt. Aus den weißen Blüten entwickeln sich die Früchte, die einen blausäurehaltigen Stein umschließen, der sich meist sehr schlecht herauslösen lässt. Vom Verbraucher werden deshalb die dunkel violetten Zwetschgen bevorzugt. Das Fruchtfleisch der Zwetschge lässt sich nämlich besser vom Kern lösen. Zwetschgen sind meist länglicher als Pflaumen, haben spitzere Enden und die Fruchtnaht ist weniger gut erkennbar. Das Gebiet um Bühl in Mittelbaden ist das größte deutsche Zwetschgenanbaugebiet. Eine königliche Schwester hat die Pflaume in der Reneklode. Ihren Namen verdankt sie der französischen Königin Claude, die vor 500 Jahren lebte. Seit dieser Zeit wird in Frankreich auch die Reneklode angebaut, die man dort am liebsten zu Marmelade verarbeitet. Wegen ihres sehr süßen Geschmacks eignet sie sich auch gut zur Herstellung eines Branntweins (Prunelle). Die kugelförmige Frucht mit dem grüngelben Fruchtfleisch ist im reifen Zustand von einer dünnen Wachsschicht umhüllt, die sich leicht abreiben lässt.

Mirabellen

Mirabellen kamen erst um die Reformationszeit nach Deutschland. Sie wuchsen wild im Gebiet

zwischen Sibirien und Bulgarien. Ihr Name verrät, dass sie Ähnlichkeit mit Pflaume und Kirsche haben, botanisch wird sie nämlich Kirschpflaume (*prunus cerasifera*) genannt. Der Mirabellenbaum trägt kugelige gelbe Früchte, die kleiner als Pflaumen sind und in der Form an Kirschen erinnern. Mirabellen lassen sich wegen ihrer Süße gut zu Kompott und Marmelade verarbeiten. Aber auch der Mirabellengeist hat es in sich. Heute gehört etwas Glück dazu, Mirabellen (wie auch Renekloden) im Angebot zu finden. Auf unseren Obstmärkten sind sie eher rar.

Eine bayerische Spezialität ist das Mirabellenkompott mit Dampfnudel.

ZAUBER DER EXOTISCHEN FRÜCHTE

Ein kleiner Teil der rund 7 Millionen Tonnen Bananen, die jährlich aus Südostasien und anderen tropischen Ländern exportiert werden, stammt aus Madeira.

Die kleine Einführung in die Welt der exotischen Früchte soll Anregungen zum Experimentieren geben und die Neugier wecken, auch einmal Neues auszuprobieren und die herkömmlichen Küchenpfade zu verlassen. Hier nun die wichtigsten Früchte von A – Z:

Ananas

Wahrscheinlich stammt die Ananas aus dem Mato-Grosso-Gebiet, und es sorgten indianische Seefahrer für ihre Verbreitung und brachten Ananasschösslinge nach Mittelamerika. Um 1700 erfolgten in Holland erste Versuche, Ananas zu züchten. Bald brach in Europa das Ananasfieber aus, die Ananas kam in Mode. Oft schmückte eine Frucht mehrere Tafeln nacheinander, da sie als kostbar und luxuriös galt und ein Symbol für Reichtum war.
Ananas ist die Frucht einer buschigen Dauerpflanze, die Feuchtigkeit und Wärme liebt. 95 % der Weltproduktion an Ananas werden zu Konserven verarbeitet. Die hierfür vorgesehenen Früchte werden reif geerntet, während die für den Export bestimmten Ananas noch unreif geerntet werden. Obwohl sie nachreifen, erreichen sie niemals die Süße der später geernteten Früchte. Heute kommen die meisten Ananasfrüchte aus Afrika, besonders gut sind die Ananas aus Kenia.

Avocados

Obwohl die Avocado oft als Gemüse eingestuft wird, gehört sie zur Familie der Lorbeergewächse und ist eine Steinobstfrucht. Mayas und Azteken war sie schon lange bekannt und ihr Name soll sich vom aztekischen *ahuakatl* herleiten. Die über 400 Sorten werden in 3 Typen eingeteilt. So gibt es solche, die gerade pflaumengroß sind, und solche, die fast ein Kilogramm wiegen. Avocados werden heute in allen subtropischen und tropischen Gebieten angebaut. Sie werden hart, aber fast reif geerntet und reifen noch im Liegen nach. Ihre Farbe kann von hell- bis dunkelgrün variieren, und die Schale kann sowohl glatt als auch stark gerunzelt sein. Gibt die Frucht auf Daumendruck nach, ist sie reif.
Avocados gehören zu den kalorienreichsten tropischen Früchten. Sie enthalten bis zu 30 % Öl und die Vitamine A, B, C und E sowie einen hohen Anteil an Eiweiß

und Mineralstoffen. Das nussartige cremige Fruchtfleisch hat einen unaufdringlichen Geschmack. Deshalb lassen sie sich süß und salzig verwenden.

Bananen

Bananen gehören zu den beliebtesten Früchten überhaupt und wir haben sie längst als alltägliches Obst akzeptiert. 1892 erschien die Banane erstmals in Deutschland auf dem Markt. Sie gehört zu den ältesten Kulturpflanzen der Welt. Ihre ursprüngliche Heimat ist Südostasien. Bananen entstehen auf vegetativem Weg, sie vermehren sich aus Wurzelstöcken. Einige Wochen nach der Pflanzung kommen die ersten Triebe aus der Erde und nach etwa 9 Monaten hat die Bananenstaude ihre bis zu 6 Meter Höhe erreicht.

Die Obstbananen werden grün geerntet und erst nach dem Schnitt beginnt die Reife. Da zwischen dem Pflücken und dem Verkauf nicht mehr als 24 Tage liegen sollen, ist äußerste Eile geboten. Von den jährlich rund 40 Millionen Tonnen Bananen, sind mehr als 80 % Gemüsebananen. Rund 7 Millionen Tonnen Obstbananen werden aus den Tropen jährlich exportiert.

Schmecken auch flüssig, ob mit oder ohne Alkohol, immer köstlich: tropische Früchte.

Frische Feigen, hier im knusprigen Teigmantel mit einer herb-süßen Mangosauce, erfreuen sich auch bei uns wachsender Beliebtheit.

Meter hoch werden und ihre getrockneten Früchte sind viel süßer als frische. Aus Dattelsirup wird in Arabien Arrak gewonnen, der süße Saft des Palmenstamms wird zu Palmwein vergoren.

Feigen

Feigen gehören wie Datteln zu den ältesten Kulturpflanzen der Welt. In Griechenland seit dem 7. Jahrhundert v. Chr. beheimatet, wurde sie bald zu einem der Hauptnahrungsmittel des Altertums.

Im Mittelmeergebiet werden 90 % der Weltproduktion erzeugt. Bis vor kurzem kannte man bei uns Feigen nur getrocknet. Noch nicht allzu lange können wir frische Feigen im Handel erhalten.

Feigen sind außerordentlich gesund und eignen sich vorzüglich als Vorspeise, Hauptmahlzeit, für Desserts und Konfekt. Frische Feigen sollten immer gekühlt serviert werden.

Cherimoyas

Die exotische Frucht mit dem so wohl klingenden Namen gedeiht in den Ländern, in denen auch Zitrusfrüchte angebaut werden. Auf dem Markt sind sie bei uns von Oktober bis März erhältlich. Die faustgroße, grünliche Frucht hat weißes Fruchtfleisch mit schwarzen Kernen.

Datteln

Noch heute sind Datteln in Nordafrika ein Grundnahrungsmittel. Dattelpalmen können bis zu 25

Granatäpfel

Granatäpfel werden in den Ländern am Mittelmeer angebaut und von Juni bis Dezember in unseren Gefilden angeboten. Die apfelähnlichen, etwa 300 Gramm schweren Früchte haben eine ledrige Schale. Das Fleisch ist hell bis dunkelrot und umgibt weiße Kerne, die mitgegessen werden. Die Zerteilung der Frucht ist nicht ganz einfach. Der rötliche, gelee-artige Samenmantel ist der ge-nießbare Teil der Frucht. Man kann die Kerne aus der Frucht löffeln oder die Früchte auspres-sen.

Guaven

Guaven sind in den Tropen und Subtropen beheimatet. Der bau-martige Strauch verzweigt sich und ist von einer rotbraunen Borke bedeckt. Guaven werden ganzjährig angeboten. Die zitro-nengroßen Früchte schmecken süß und aromareich. Ihr Frucht-fleisch ist meist weiß-grünlich und enthält kantige Samen.

Kakifrüchte

Sie wachsen in Ländern, wo auch Zitrusfrüchte angebaut werden. Die rotgelben Früchte ähneln einer Tomate mit Blatt. Kakibäu-me können bis zu 15 Meter hoch werden und haben breite, ovale Blätter. Das geleeartige Frucht-fleisch enthält bis zu acht Kerne. Die Kakis, die man reif vom Baum pflückt, schmecken am besten. Noch harte Kakis lässt man bei Zimmertemperatur nachreifen.

Kaktusfrüchte

Kaktusfrüchte gedeihen in den Tropen und Subtropen und im Mittelmeergebiet. Man trifft sie von September bis Mai bei uns im Handel an. Die eiförmigen, grünlich-roten Früchte schme-cken leicht säuerlich. Die wich-tigsten Kaktusfrüchte sind die Opuntien, die auch bei uns er-hältlich sind.

Kiwis

Die Kiwi, auch chinesische Sta-chelbeere genannt, ist eine eiför-mige Beerenfrucht mit dunkel-brauner, pelziger Schale und grü-nem, saftigem, süß-säuerlichem Fruchtfleisch. Sie stammt ur-sprünglich aus China und wird seit Beginn des 20. Jahrhunderts vorwiegend in Neuseeland ange-baut. Sie ist die Frucht einer großen, dem Weinstock ähneln-den Kletterpflanze. Man kann Kiwis auch braten, dünsten und als Beilage zum Hauptgericht ser-vieren oder köstliche Kuchen und Desserts aus ihnen zubereiten.

Litschis

Die Litschifamilie stammt aus Südchina. Sie gilt dort als die beliebteste Frucht und wird seit 3000 Jahren kultiviert. In Dosen schon länger angeboten, findet

Die Kiwifrucht ist zweimal so reich an Vitamin C wie eine Orange.

Ein erfrischendes Dessert für heiße Sommertage: Gefüllte Melone (Rezept siehe Seite 128).

man Litschis jetzt auch öfter frisch im Handel. Das weiße, glasige Fruchtfleisch ist von einer rosa bis braunen Schale umgeben. Der braune Kern ist ungenießbar. Das zarte Aroma lässt sich gut mit anderen Früchten im Obstsalat verbinden. Ebenso gut geeignet sind Litschis als Beigabe in Bowlen und alkoholischen Drinks, in Desserts und zu Fleisch- und Fischgerichten.

Mangos

Die Mango ist die Frucht eines Baumes, der vermutlich in Indien beheimatet ist. Portugiesische Entdecker brachten sie im 18. Jahrhundert nach Brasilien. Die schweren, meist ovalen Früchte haben eine dünne, glatte, grünlich, gelblich oder rötlich gefärbte Schale und einen großen, flachen Kern, an dem das etwas faserige, süße und aromatische Fruchtfleisch fest haftet. Das Schälen und Zerkleinern der Früchte ist deshalb eine ziemlich mühsame und klebrige Angelegenheit. Erst seit einigen Jahren werden die äußerst empfindlichen Mangos, die noch halb reif geerntet werden, nach Europa eingeführt. Die Reife der Früchte kann man beim Kauf schwer erkennen. Wenn sie einen intensiven Duft verströmen und die Schale auf Fingerdruck nachgibt, sind sie reif. So lange sollten sie bei Zimmertemperatur aufbewahrt werden. Mangos enthalten viel Vitamin A und ebenso viel Vitamin C wie Apfel oder Zitrone. Vielseitig sind die Verwendungsmöglichkeiten in der Küche. Man kann Eis und Marmelade daraus machen oder Mangos als Füllung für leckere Crêpes nehmen.

Melonen

Melonen werden bei uns mehr wie Obst behandelt und nicht wie Gemüse, das sie als die Früchte einjähriger Pflanzen eigentlich sind. Zusammen mit Gurke, Kürbis und Zucchini gehören sie zu den Kürbisgewächsen. Trotz des gemeinsamen Familiennamens sind Wasser- und Honigmelonen unterschiedliche Verwandte.
Bei uns am häufigsten anzutreffen ist wohl die erfrischende, rotfleischige Wassermelone. Die schweren, meist runden Früchte mit der grünmarmorierten Schale sind in Afrika beheimatet und werden vor allem wegen ihres knackigen, saftigen Fruchtfleischs als Durstlöscher im Sommer geschätzt. Zuckermelonen erreichen nur ein Drittel des Ge-

wichts von Wassermelonen und haben ein sehr viel aromatischeres, vitamin- und nährstoffreicheres Fruchtfleisch. Zu den bei uns bekanntesten Sorten zählen die längliche, gelbe Honigmelone mit dem hellen, leicht rosa schimmernden Fruchtfleisch und die aus Italien stammende Kantalup- oder Warzenmelone mit dem würzigen, orangefarbenen Fruchtfleisch. Melonen sind sehr kalorienarm und enthalten viel Vitamin A. Dank des geringen Zuckergehalts eignen sie sich auch für Diabetiker.

Papayas

Nur wenige Sorten sind überhaupt für den Transport geeignet. Sie müssen in nicht zu trockener Luft erst nachreifen. Das Fruchtfleisch sollte beim Aufschneiden orangefarben und weich sein. Die zahlreichen schwarzen Kerne im Inneren werden herausgeschabt. Auch die dünne, hellgrüne Haut wird nicht gegessen. Papayas wachsen an großen Bäumen, die eine dichte Blätterkrone, aber keine Äste besitzen. Sie gehören zur Familie der Melonenbaumgewächse und können bis zu 8 Kilogramm schwer werden. Die bei uns im Handel erhältlichen Früchte wiegen aber

selten mehr als 500 Gramm. Das in Papayas enthaltene eiweißverdauende Ferment und ihr geringer Kaloriengehalt macht sie für Diäten geeignet. Die karibische Küche kennt viele Rezepte für Marmeladen und Konfitüren mit Papayas. Es empfielt sich aber, die Frucht am besten pur zu genießen. Die Früchte werden halbiert, die Kerne entfernt und das mit Zitronensaft beträufelte Fruchtfleisch ausgelöffelt.

Physalis

Die Physalis, auch Kap-Stachelbeere oder Chinesische Lampionpflanze genannt, gehört zur Familie der Nachtschattengewächse. Darüber, woher die Frucht stammt, ist man sich nicht ganz einig. Manche glauben, sie sei in Südamerika heimisch, andere hingegen behaupten, sie stamme aus Europa, China oder Japan. Die orange, rote oder grünlich-gelbe Frucht ist von einer dünnen, pergamentartigen Membran umhüllt und erinnert an einen chinesischen Lampenschirm. Wegen ihres dekorativen Aussehens nimmt man sie besonders gern zum Garnieren von Gerichten und Getränken.

Die Mühe lohnt sich in jedem Fall, bereiten Sie sich doch einmal einen fruchtigen, vitaminreichen Drink aus Mangos.

DIE FAMILIE DER ZITRUSFRÜCHTE

Die Zitrone – eine wahre Vitamin-C-Bombe und als Zutat oder Gewürz aus unserer Küche nicht mehr wegzudenken.

Die Früchte der Zitrusfamilie waren ursprünglich im asiatischen Raum beheimatet. Durch jahrhundertelange Auslese und Kreuzung sind zahlreiche Sorten entstanden, deren Geschmackspalette von bitter bis süß reicht.

Grapefruits

Die ursprünglich vermutlich auf Jamaika beheimatete Grapefruit ist wahrscheinlich eine Kreuzung aus Pampelmuse und Orange oder Bitterorange. Die gelben bis rosafarbenen Früchte mit der dicken Schale wachsen an Bäumen. Das aromatische Fruchtfleisch schmeckt leicht bitter und säuerlich und wird mit einem speziellen Grapefruitmesser aus der Frucht gelöst.

Kumquats

Die Kumquat oder Zwergpomeranze stammt aus China. Die hauchdünne orangefarbene Schale ist essbar. Kumquats schmecken wie Orangen, nur intensiver. Man kann sie roh essen oder in Alkohol einlegen. Sehr geeignet sind sie auch zur Dekoration.

Mandarinen

Aus Südostchina, Indien und Indochina fanden sie den Weg ans Mittelmeer und in die USA. Die leicht schälbare Satsuma kommt aus der gleichnamigen japanischen Provinz. Außer Satsumas gehören auch Clementinen und Tangerinen zur Mandarinenfamilie. Clementinen sind aus einer Kreuzung der Mandarine mit der Pomeranze hervorgegangen und wurden erstmals Anfang des 20. Jahrhunderts gezüchtet.

Orangen

Die ursprünglich in China beheimatete Orange gelangte im 15. Jahrhundert durch die Araber über Persien und Ägypten nach Spanien und Nordafrika und später mit Kolumbus ins heutige Florida. In Europa wurde 1792 die erste größere Orangenplantage in Spanien angelegt.

Man unterscheidet zahllose Orangensorten und drei Hauptgruppen. Die dickschalige *Navelorange* lässt sich leicht schälen und sind nicht besonders saftreich. *Blutorangen* werden am Mittelmeer gezüchtet und in Voll- und Halbblutsorten unterteilt, je nachdem, ob Schale und Fleisch oder nur das Fleisch rot gefärbt sind. *Blondorangen* sind die am verbreitetsten Orangen überhaupt. Die wichtigste Sorte dieser Gruppe ist die Valencia, fast

kernlos, mit säuerlichem Aroma, die sich gut für Saft eignet.

Aus der Schale der Bitterorange, auch Pomeranze oder Sevilla-Orange genannt, gewinnt man das Bitterorangenöl, mit dem Liköre und Bitter wie Campari, Curaçao, Grand Marnier und Cointreau aromatisiert werden.

Zitronen

Die Zitrone stammt ursprünglich vermutlich aus China oder Indien und gelangte im 11. Jahrhundert zunächst mit den Mauren nach Spanien und fand später durch die Kreuzritter in ganz Europa Verbreitung.

Die saftreiche Zitrone wird meist ausgepresst verwendet. Man verwendet Zitronensaft zum Abschmecken und Marinieren, Zitronenspalten zur Dekoration und für Getränke. Will man die Schale auch verwenden, sollte man nur unbehandelte Früchte nehmen, die vorher gründlich gewaschen werden müssen. Zitronensaft sollte sofort verbraucht werden. Der hohe Vitamin-C-Gehalt schützt vor Erkältungskrankheiten.

Tropisches Klima braucht die grüne Schwester der Zitrone, die Limone. Sie wird vorwiegend aus Ländern Süd- und Zentralamerikas importiert. Limonen sind saftreicher und etwas kleiner als Zitronen, doch enthalten Zitronen mehr Vitamin C.

Aus den zarten, intensiv duftenden weißen oder rosafarbenen Blüten des Orangenbaums entwickeln sich die saftigen, dickschaligen Früchte.

TIPPS UND TRICKS ZUM KONSERVIEREN

Ob aus Quitten, Apriko-sen oder Zwetschgen, mit einer selbst gemachte Konfitüre oder -Marmelade fängt der Tag immer gut an.

Das Trocknen und Dörren

Das vermutlich älteste Konservie-rungsverfahren wird heute im privaten Haushalt kaum noch in nennenswertem Umfang ange-wendet, setzt es doch geeignete Lagerräume mit niedriger Luft-feuchtigkeit voraus, in denen sich Bakterien und Schimmel nicht ausbreiten können. Zum Dörren eignen sich besonders gut Feigen, Pflaumen und Aprikosen, aber auch Apfel- und Birnenschnitze und Bananenscheiben, die zum Trocknen ausgelegt oder aufge-hängt werden. Wichtig dabei ist, dass die Früchte reif, aber nicht überreif, und unbeschadet sind. Die Früchte werden durch das Trocknen nicht nur länger halt-bar, sondern ihr Nährstoffgehalt erhöht sich auch beträchtlich.

Das Kandieren

Beim Kandieren werden die Früchte oder Fruchtstücke mehr-fach in einer Zuckerlösung ge-kocht. Der Zuckersirup wird dabei bei jedem Kochgang kon-zentrierter, das heißt man beginnt mit einem ganz leichten und endet mit einem dickflüssi-gen, fast karamellartigen Sirup. Zwischen den einzelnen Koch-gängen müssen die Früchte jeweils mindestens 24 Stunden

ruhen. Wichtig für das Gelingen ist die genaue Einhaltung der Anzahl der Kochgänge und der Ruhezeiten. Ein Konservierungs-verfahren also, das mit sehr viel Arbeit verbunden ist und viel Geduld erfordert. Die fertigen Früchte lässt man vollständig erkalten und bewahrt sie in gut verschlossenen Gläsern auf.

Das Einmachen

Dazu zählen neben der Herstel-lung von Kompotten, auch die Zubereitung von Marmeladen, Konfitüren und Gelees.
Zu den Kompotten gehören im weitesten Sinn auch die aus Indi-en stammenden pikanten, süß-sauren Chutneys und Relishes, die aus Früchten, Gemüse und Gewürzen zubereitet werden.
Das Einmachen ist das wohl auf-wändigste Konservierungsverfah-ren. Man benötigt dazu nicht nur eine Reihe unverzichtbarer Uten-silien, wie Einmach- und Marme-ladengläser mit Deckeln, Bügeln, Einmachringen oder Einmachzel-lophan; einen Einkochtopf mit Gläserhalter bzw. einen Email- oder Edelstahltopf für Marmela-den, Konfitüren und Gelees, die nicht sterilisiert werden müssen; ein Einkochthermometer, son-dern es gilt auch, einige unver-

zichtbare Grundregeln, wie absolute Sauberkeit; Unversehrtheit von Gläsern, Ringen und Deckeln; genaue Einhaltung der Kochzeiten; genaue Einhaltung der Mengen; ausreichende Lagerung vor dem Verzehr; geeigneter Aufbewahrungsort zu beachten.

Das Einlegen in Alkohol

Beim Einlegen in Alkohol sollte man stets daran denken, dass die Früchte vor dem Genuss ausreichend lange – etwa vier Wochen - in der Alkohol-Zucker-Lösung, in der sie eingelegt werden, ziehen müssen. Außerdem kann die Haltbarkeit je nach verwendetem Alkohol beträchtlich variieren. Bei Spirituosen mit einem Alkoholgehalt unter 54 Prozent beträgt die Haltbarkeitsdauer etwa ein Vierteljahr. Beim klassischen Rumtopf, der mit hochprozentigem Rum angesetzt wird, ist sie hingegen weitaus länger.

Das Herstellen von Säften, Sirups und Likören

Zur Herstellung und Haltbarmachung von Säften und Sirups werden die Früchte ausgepresst oder zerkleinert und mit Zucker aufgekocht. Anschließend seiht man die Mischung durch ein Tuch und füllt sie in Flaschen ab. Wie beim Einmachen ist auch hier peinliche Sauberkeit oberstes Gebot. Liköre lassen sich ganz ohne Gärung oder aufwändige Destillation einfach und schnell selbst machen, indem man die Früchte mit Alkohol, eventuell noch unter Zugabe von Gewürzen ansetzt und ausreichend lange – in der Regel etwa einen Monat – durchziehen lässt. Je nach Obstsorte und Rezept muss die Mischung dann noch einmal mit einer Zuckerlösung aufgekocht und durchgeseiht werden.

Das Einfrieren

Beeren und Früchte werden in der Regel roh, eventuell unter Zugabe von Zucker eingefroren. Rohe Beeren und Kirschen müssen vor dem Einfrieren lediglich gewaschen und geputzt werden. Früchte wie Äpfel, Birnen, Aprikosen und Pfirsiche sollten vorher blanchiert, entkernt, geschält und zerteilt werden. Bei Pflaumen empfiehlt es sich, sie nur als Kompott einzufrieren. Und macht man sich die Mühe, Steinobst vorher zu entkernen, taut es anschließend schneller auf. Tiefgefrorene Früchte eignen sich am besten zur Herstellung von Mus, Kompotten, Süßspeisen, Mixgetränken und als Kuchenbelag.

Essig, das unverzichtbare Würzmittel, lässt sich auf vielfältige Weise – wie hier mit Trauben – verfeinern und aromatisieren.

FRÜCHTE – GESUNDE, KALORIENARME FITMACHER

Noch vitamin- und mineralstoffreicher als unser heimisches Obst: exotische Früchte.

Dass Obst und Gemüse für eine gesunde, ausgewogene und fettarme Ernährung unverzichtbar sind, darauf muss man heute nicht mehr besonders hinweisen. Empfohlen wird, täglich mindestens fünf Mahlzeiten mit verschiedenen Obst- und Gemüsesorten zu sich zu nehmen. Obst und Gemüse halten den Körper fit und gesund, indem sie Übergewicht, Herz-Kreislauf-Erkrankungen, Verdauungsbeschwerden und sogar Krebs und vorzeitigem Altern vorbeugen. Denn sie versorgen den Körper mit vielen wichtigen Vitaminen, Mineral- und Ballaststoffen, sie schützen die Zellen vor Schädigung durch so genannte freie Radikale und stärken die Abwehrkräfte.

Eine Vielzahl von Beeren und Früchten zeichnen sich durch besonders hohe Gehalte einzelner oder mehrerer Vitamine und Mineralstoffen und besondere heilende und vorbeugende Eigenschaften aus.

Die Ananas ist reich an Vitamin C, Kalium, Magnesium und Folsäure und enthält darüber hinaus das Enzym Bromelain.

Der Apfel enthält viel Pektin, Kalium, Eisen und Vitamin C. Er ist kalorienarm, fördert die Verdauung, senkt den Cholesterin- und den Blutzuckerspiegel und trägt zur Regulierung des Wasserhaushaltes und zur Blutbildung bei.

Die Avocado hat aufgrund ihres hohen Fettgehalts (bis zu 30%) einen hohen Nährwert.

Die Banane hat einen hohen Energiewert und ist leicht verdaulich. Besonders empfehlenswert ist sie deshalb für geistig Arbeitende und Sportler.

Die Brombeere enthält Vitamin C, Betakarotin, Kalium, Magnesium und Kupfer. Sie wirkt reinigend und abführend.

Die Dattel enthält sehr viel Kalium, Kalzium und Phosphor sowie Eisen und ist reich an Karotin und B-Vitaminen.

Die Erdbeere enthält Vitamin C, Kalium, Folsäure, Vitamin B[6] und Magnesium. Sie wirkt harntreibend und blutreinigend, reguliert den Mineralstoffhaushalt und ist gut für Haut und Muskeln.

Die Feige ist reich an Kalium, verdauungsfördernden Enzymen und Ballaststoffen (vor allem getrocknete Früchte).

Die Grapefruit enthält viel Vitamin A (gelbe Früchte etwas weniger als rote und rosafarbene), außerdem Vitamin C, Kalium und Folsäure.

Die Heidelbeere ist reich an Vitamin C, Kalium, Natrium, und Ballaststoffen. Sie gilt als Heilmittel bei Blasenentzündung, wirkt blutstillend und hilft bei Durchfall.

Die Himbeere ist reich an Vitamin C, enthält Kalium, Magnesium, Kalzium, Vitamin A, B-Vitamine und Ballaststoffe.

Johannisbeeren wirken appetitanregend, harntreibend und blutreinigend und fördern die Verdauung.

Die Kirsche ist reich an Kalium. Sauerkirschen liefern darüber hinaus Ballaststoffe und Betakarotin.

Die Kiwi ist reich an Kalium, Magnesium und Eisen und hat einen noch höheren Vitamin-C-Gehalt als sämtliche Zitrusfrüchte.

Die Mango ist eine regelrechte Vitaminbombe: Sie enthält sehr viel Vitamin C, Betakarotin, B-Vitamine und hat nach der Avocado den höchsten Vitamin-E-Gehalt. Darüber hinaus enthält sie viel Eisen, blutbildenden Kupfer und Kalium.

Die Orange ist reich an Vitamin C und Kalium.

Die Papaya enthält das eiweißspaltende Enzym Papain. Es fördert die Verdauung, hilft bei Verdauungsstörungen aufgrund von Erkrankungen der Bauchspeicheldrüse oder ungenügender Magensaftproduktion und soll Krebserkrankungen vorbeugen. Die Papaya hat mehr Vitamin C als die Kiwi und ist reich an Betakarotin und Magnesium.

Der Pfirsich ist reich an Betakarotin, Kalium und Vitamin C. Er wirkt harntreibend, magenstärkend und leicht abführend. Getrocknete Früchte enthalten Kalium, Eisen, Vitamin A, Kupfer, Magnesium, Vitamin B^2, Phosphor, Vitamin C und Zink.

Die Pflaume ist ein ausgezeichneter Kaliumlieferant und enthält außerdem Vitamin C und Vitamin B^2. Sie wirkt abführend, harntreibend und blutreinigend und stärkt die Muskeln.

Die Preiselbeere ist reich an Vitamin C und Kalium. Sie fördert Durchblutung und Verdauung, sorgt für eine gesunde Gesichtsfarbe und hilft bei Blasenentzündung.

Die Weintraube ist reich an Kalium und enthält B-Vitamine und Vitamin C. Sie ist harntreibend, abführend und blutreinigend.

Die Zitrone enthält sehr viel Vitamin C sowie Kalium und Folsäure. Sie wirkt schleimlösend, desinfizierend und harntreibend, stärkt die Muskeln und hilft bei Rheuma.

Täglich etwas Obst hilft gegen fast alles und hält den Körper fit und gesund!

SALATE, SUPPEN, VORSPEISEN UND KLEINE GERICHTE

Ob süß oder pikant, kleine, fruchtige Speisen sind zu jeder Tageszeit ein Genuss, sei es das Müsli als morgendlicher Muntermacher, seien es kleine Zwischenmahlzeiten über den Tag verteilt, sei es eine süß-säuerliche Suppe, ein bunter Salat oder eine leckere exotische Vorspeise am Mittag oder ein leichtes, gesundes Abendessen.

APFELPFANNKUCHEN MIT APFELWEINSCHAUM

Für 1 Person

Für den Pfannkuchen:
2 EL Mehl
50 ml Milch
1 Ei
10 g zerlassene Butter
Zucker nach Belieben
$1/2$ Apfel, geviertelt und in
Scheiben geschnitten
Butter zum Backen
Puderzucker zum Bestäuben

Für den Apfelweinschaum:
50 ml Apfelwein
1 Eigelb
1 EL Zucker

Tipp:
*Besonders schön sehen
die Pfannkuchen aus,
wenn man die Apfelscheiben erst in der Pfanne
ringförmig auf den Teig
legt.*

Das Mehl mit der Milch glatt rühren. Dann zunächst das Ei, die zerlassene Butter und zum Schluss den Zucker unterrühren. Anschließend die Apfelscheiben untermischen. Etwas Butter in einer Pfanne erhitzen und einen Pfannkuchen herausbacken. Die Zutaten für den Apfelweinschaum verrühren und im heißen Wasserbad mit dem Schneebesen aufschlagen, bis das Eigelb zu stocken beginnt und die Masse eindickt. Den Pfannkuchen auf einen Teller gleiten lassen, mit Puderzucker bestäuben und mit dem Weinschaum begießen.

Die Zubereitung eines Weinschaums, in der Fachsprache auch Sabayon genannt, erfordert etwas Übung und Fingerspitzengefühl. Denn da er relativ viel Flüssigkeit enthält, klumpt er auch sehr leicht. Deshalb sollten Sie ihn bei geringer Wärmezufuhr kräftig schlagen, und zwar am besten nicht mit dem Handmixer, sondern mit einem Schneebesen. Und achten Sie dabei darauf, dass sich der Boden der Schüssel nicht heiß anfühlt. Am besten schmeckt der Weinschaum, solange er noch warm ist.

AUFLAUF VON ÄPFELN UND BROT

500 g Brot, halb Schwarz-
oder Grau-, halb Weißbrot
125 g Zucker
etwas gemahlene Nelken
und Zimt
125 g Butter
500 g säuerliche, in Scheiben geschnittene Äpfel
75 g Korinthen

Tipp:

Da das Reiben des Brotes etwas mühselig ist und man sich dabei nicht sel-ten die Finger aufschürft, können Sie das Brot auch zerkleinern und durch den Fleischwolf oder eine Mandelmühle drehen.

Drei Viertel des Brotes reiben und mit der Hälfte des Zuckers und den Gewürzen vermischen. Das restliche Brot in Scheiben schneiden.
Eine feuerfeste Form mit etwas Butter einfetten. Eine Schicht der Brot-Gewürz-Masse hineingeben und darauf nacheinander jeweils eine Schicht Butterflöckchen, Äpfel, Korinthen und Zucker ge-ben. Den Abschluss bildet eine Lage Brotscheiben. Den Auflauf mit zerlassener Butter beträufeln und 45 Minuten bei 200 °C überbacken.

In den meisten Kulturen ist Brot seit jeher eines der wich-tigsten Nahrungsmittel und jedes Land hat seine ganz eigene Art Brot herzustellen und mit Gewür-zen oder anderen Zutaten zu ver-feinern. Brot kann man zu jeder Tageszeit essen, ob als Hauptbe-standteil zum Frühstück, Abend-essen und als Pausenbrot oder als Beilage zum Mittagessen. Viel-fach dient es auch als Zutat, wie zum Beispiel in der französischen Zwiebelsuppe oder bei einem Käsefondue. Und aus nicht mehr ganz frischen Brotresten lassen sich köstliche Hauptgerichte und Nachspeisen zubereiten.

AVOCADOVORSPEISE MIT KÜRBISSPROSSEN

2 reife Avocados
2 EL Zitronensaft
1 Tasse Kürbiskern-
sprossen
1 Bund Rucola
125 g Quark (10 % Fett)
1 Stange Staudensellerie
1 rote Chilischote
1 große Knoblauchzehe
1 Limette
Salz
Pfeffer aus der Mühle
2–3 EL Jogurt
1 gelbe Paprikaschote
65 g Bündner Fleisch
1 EL frische Majoran-
blättchen
2 EL kaltgepresstes
Olivenöl
150 g Vollkorn-Brot-
stangen

Tipp:
Rucola verdirbt sehr leicht. In feuchtes Küchenpapier gewickelt hält sie sich im Kühlschrank 2 bis 3 Tage. Die Blätter sollten stets gründlich gewaschen werden, dürfen dabei jedoch nicht längere Zeit im Wasser liegen.

Die Avocados halbieren, die Kerne entfernen, die Höhlung um das Doppelte vergrößern und mit dem Zitronensaft beträufeln, damit das Fruchtfleisch sich nicht braun verfärbt.
Die Kürbiskernsprossen abbrausen und mit dem Avocadofleisch grob hacken. Die Rucola waschen und einige schöne Blätter zum Garnieren beiseite legen. Den Rest fein hacken und mit dem Quark und der Avocado-Sprossen-Mischung vermengen.
Die Selleriestange dünn schälen und in hauchdünne Scheiben schneiden. Die Chilischote ohne Kerne fein würfeln. Den Knoblauch abziehen und fein würfeln. Sellerie, Chili und Knoblauch in die Creme rühren. Die Limette heiß waschen, trocknen und etwas Schale zur Creme reiben, die Frucht auspressen und die Avocadocreme damit würzen. Anschließend mit Salz und Pfeffer abschmecken und mit etwas Jogurt geschmeidig rühren. Die Avocadohälften damit füllen.
Die Paprikaschote halbieren, entkernen, waschen und in sehr dünne Streifen schneiden. Das Bündner Fleisch zu Rosetten formen.
Die gefüllten Avocados und das Fleisch auf Tellern anrichten und mit den Paprikastreifen, Rucolablättern und Majoran garnieren. Etwas Öl darüber träufeln und mit den Brotstangen servieren.

Die Urheimat der Avocados liegt in Mittelamerika, den Namen gaben ihr die Azteken, nämlich Ahuacatl (Butter des Waldes). Avocados enthalten bis zu 30 % Fett, reichlich Vitamine sowie Kalium, Magnesium und Eisen.
Avocados werden heute das ganze Jahr über bei uns angeboten. Sie werden unreif geerntet. Erst wenn sie auf Fingerdruck leicht nachgeben, sind sie vollreif und haben ihren arttypischen Geschmack entwickelt. Avocados lassen sich herrlich mit einem würzigen Shrimpscocktail oder Kräuterquark füllen und sind köstliche Zutat auf einer gemischten Rohkostplatte.

AVOCADOSALAT MIT KRABBEN

1 Radicchio
2 Avocados
Saft von 1 Zitrone
50 g Feldsalat
200 g Krabben

Für die Salatsauce:
6 EL Jogurt
2 EL Öl
1 TL Tomatenmark
2 EL Weinessig
1 Msp. Senf
Cayennepfeffer
Salz

Zum Garnieren:
Dill

Tipp:
Feldsalat sollte erst kurz vor dem Servieren zubereitet werden, damit er sein feines Aroma behält. Da die Blattbüschel meist stark verschmutzt sind, müssen sie, nachdem man die Wurzeln entfernt hat, mehrmals in frischem Wasser gewaschen werden.

Den Radicchio vom Strunk befreien, die Blätter ablösen, waschen und trockenschleudern.
Eine Glasschüssel damit auslegen. Die Avocados halbieren und Kerne und Schalen entfernen. Das Fruchtfleisch mit Zitronensaft beträufeln und in Würfel schneiden. Mit dem geputzten, gut gewaschenen und abgetropften Feldsalat und den Krabben zu dem Radicchio in die Schüssel geben. Die Saucenzutaten gründlich miteinander vermischen. Den Salat mit der Sauce übergießen und mit kleinen Dillzweigen garnieren.

Der Radicchio, ein Verwandter der Endivie, war ursprünglich im norditalienischen Venetien beheimatet und wird seit dem 16. Jahrhundert in ganz Italien angebaut. Die zunächst grünen Blätter verfärben sich bei Kälteeinbruch rötlich. Der leicht bittere Radicchio wird meist roh zu Salaten verarbeitet, eignet sich aber auch hervorragend zum Garen.

ERDBEERMÜSLI
Für 1 Person
4 EL kernige Haferflocken
4 EL Milch
1 EL Honig
2 EL Zitronensaft
1 EL Mandelmus
150 g Erdbeeren
1 TL Mandelblättchen
etwas Pfefferminze nach Belieben

HIMBEERMÜSLI
Für 1 Person
4 EL kernige Haferflocken
125 g Jogurt
2 EL Zitronensaft
1 EL Honig
1 TL Haselnussmus
100 g Himbeeren
1 reife Nektarine
etwas Zitronenmelisse nach Belieben

Tipp:
Mandel- und Haselnussmus werden auf die gleiche Weise hergestellt wie die bekanntere Erdnussbutter. Besonders empfehlenswert sind Nussmuse aus dem Naturkosthandel, da sie ohne Zusatz von Zucker, Fetten, Aromastoffen hergestellt werden.

ERDBEERMÜSLI
(oben)
Die kernigen Haferflocken mit 2 Esslöffeln Wasser beträufeln. Die Milch, den Honig, den Zitronensaft und das Mandelmus hinzufügen und alle Zutaten miteinander verrühren. Die Erdbeeren putzen, kurz waschen und gut abtropfen lassen. Die Früchte je nach Größe halbieren, vierteln oder in Scheiben schneiden. Mit der Haferflockenzubereitung mischen. Die Mandelblättchen in einer trockenen Pfanne goldgelb rösten. Ein paar Pfefferminzblättchen waschen, trockentupfen und streifig schneiden. Beides übers Müsli streuen.

Das Müsli, das der Arzt Dr. Bircher-Benner aus der traditionellen Abendmahlzeit der Schweizer Bergbauern entwickelte, gilt heute als das klassische Vollwertfrühstück und ist für manche der Inbegriff einer gesunden Ernährung. Allerdings sollten Sie dann nicht auf die zahllosen Fertigmüslis zurückgreifen, die heute überall im Handel angeboten werden, sondern sich die Mühe machen, die Zutaten selbst auszuwählen, zu mischen und klein zu schneiden.

HIMBEERMÜSLI
(unten)
Die Haferflocken mit dem Jogurt, dem Zitronensaft, dem Honig und dem Haselnussmus verrühren. Die Himbeeren verlesen, gegebenenfalls waschen und gut abtropfen lassen. Die Nektarine halbieren, nach Belieben enthäuten und in dünne Spalten schneiden. Die Früchte mit der Haferflockenzubereitung mischen. Ein paar kleine Melisseblättchen waschen und trockentupfen, dann das fertige Müsli damit garnieren.

Vom Griff zu Fertigmüslis aus dem Supermarkt ist nicht zuletzt deshalb abzuraten, weil sie in der Regel Zucker enthalten. Zum Süßen empfiehlt sich besser Honig – oft genügt auch bereits die Süße der Früchte. Einen besonders erfrischenden Muntermacher erhalten Sie, wenn Sie Ihr Müsli, wie in diesen beiden Rezepten, noch mit frischer Minze oder Zitronenmelisse verfeinern.

BLAUBEERSUPPE

Mit jeweils einem Zwieback und 1 Esslöffel Blaubeeren als Einlage in vorgewärmte Suppenteller servieren.

D ie Blau- oder Heidelbeere, die im Herbst überall in unseren Wäldern zu finden ist und beim Pflücken und Naschen Hände und Mund blau färbt, eignet sich für zahllose Zubereitungen. Ob als Bestandteil in einem Müsli oder Obstsalat, als Kuchenbelag, zum Verfeinern von Jogurts, Eiscremes und Sorbets oder für Gelees und Säfte. Die Indianer Nordamerikas verwenden sie sogar als Gewürz oder kochten sie, um auch außerhalb der Saison immer einen Vorrat zu haben, zu einer konzentrierten Paste ein, die man in der Sonne trocknen ließ.

1 kg Blaubeeren
125 ml Weißwein
125 ml Johannisbeersaft
4 EL Zucker
1 TL Zimt
1 unbehandelte Zitrone
1 saurer Apfel
40 g zerstoßene süße Mandeln
Salz
4 Zwiebäcke

Tipp:
Die empfindlichen Blaubeeren nach Möglichkeit nicht oder nur sehr kurz und erst unmittelbar vor der Zubereitung waschen.

Die Blaubeeren verlesen und waschen. 4 Esslöffel für die Einlage beiseite stellen. Mit dem Weißwein, dem Johannisbeersaft und $1/2$ Liter Wasser etwa 10 Minuten kochen lassen.
Mit Zucker, Zimt, der Hälfte der abgeriebenen Zitronenschale und 2 Esslöffeln Zitronensaft abschmecken und durch ein Haarsieb streichen. Den Apfel schälen, vierteln, das Kerngehäuse entfernen, in kleine Scheiben schneiden und mit den zerstoßenen Mandeln in die Suppe geben. Umrühren und nach Belieben mit 1 Prise Salz nachwürzen. Danach noch etwa 5 Minuten köcheln lassen.

BROTSUPPE MIT DÖRROBST
ZIEGENKÄSE MIT BIRNEN

BROTSUPPE MIT DÖRROBST

150 g altbackenes
Weißbrot
150 g frisches
dunkles Roggenbrot
2 EL brauner Zucker
180 g entsteinte
Backpflaumen
180 g Dörrbirnen
750 ml Buttermilch

Tipp:
Als Variation kön-
nen auch Rosinen
oder gemischtes
Trockenobst für die
Suppe verwendet
werden.

ZIEGENKÄSE MIT BIRNEN

2 Birnen
4 EL Honig
2 EL Apfelessig
300 g Ziegenhartkä-
se
Melisseblättchen

Tipp:
Für weitere Ge-
schmacksvarianten
können die Birnen
durch Quitten
ersetzt werden.

BROTSUPPE MIT DÖRROBST
(unten)
Das Brot in einen Topf bröseln, $^3/_4$ Liter Wasser, den Zucker und das Dörrobst dazugeben und alles kurz aufkochen. Anschließend die Buttermilch einrühren, so dass eine dicke Suppe entsteht. Die Suppe nochmals erhitzen und servieren. Dazu Weißbrot als Beilage reichen.

D ie Zutaten schmecken in dieser Kombination nicht nur delikat, sie sind auch bekömmlich und gesund.

ZIEGENKÄSE MIT BIRNEN
(oben)
Die Birnen schälen, das Kerngehäuse entfernen und die Früchte in Würfel schneiden. Den Honig in einer Pfanne erhitzen und die Birnenwürfel darin leicht karamelisieren. Mit dem Essig ablöschen und mit 100 ml Wasser aufkochen. Die Birnen in dem Sud etwa einen Tag ziehen lassen. Den Käse dünn hobeln und auf Teller verteilen. Die Birnenwürfel in Portionen auf die Teller geben und mit Melisseblättchen garnieren. Dazu passt Pumpernickel mit Butter.

D ie Kombination des Käses mit dem feinen Aroma der Birnen ist ein einmaliges Gaumenerlebnis.

ERFRISCHENDES MIT JOGURT

KOKO-JOGURT MIT BANANE

Für 2 Personen:

200 g fettarmer Jogurt
3 EL Zitronensaft
1 reife Banane
3 EL Kokosraspeln
2 EL Ahornsirup

JOGURT MIT WALD-FRÜCHTEN

Für 2 Personen:

75 g Himbeeren
75 g Brombeeren
75 g Heidelbeeren
250 g Jogurt
1 EL Instant-Haferflocken
2 EL Waldhonig
2 EL Zitronensaft
1 EL Himbeersirup
1 EL Mandelblättchen
1 Stängel Pfefferminze

Tipp:

Kaufen Sie möglichst nur Waldfrüchte, die in Ihrer Umgebung heranreifen. Sie schmecken intensiver als die Früchte aus Übersee.

KOKO-JOGURT MIT BANANE

(unten)

Den Jogurt mit dem Zitronensaft verrühren. Die Banane schälen und die Hälfte mit einer Gabel zerdrücken, die andere Hälfte längs durchschneiden, in kleine Stücke schneiden und beides in den Jogurt geben. Die Kokosraspeln in einer trockenen Pfanne leicht rösten und 2 Esslöffel davon mit dem Jogurt verrühren. Das Ganze in zwei Schälchen füllen, mit den restlichen Kokosraspeln bestreuen und mit dem Ahornsirup beträufeln.

Der Ahornsirup, ein vor allem in Kanada beliebtes Süßungsmittel, wird aus dem Saft bestimmter Ahornarten gewonnen. Dazu ritzt man die Stämme ein, so dass der Saft austreten kann, den man dann in Behältern, die am Stamm befestigt werden auffängt. Zur Weiterverarbeitung des auf diese Weise gewonnenen Saftes warfen die Indianer früher heiße Steine hinein. Dadurch verdampfte das Wasser und der Saft verdickte sich zu einem dunklen Sirup.

JOGURT MIT WALDFRÜCHTEN

(oben)

Die Beeren verlesen, putzen, gegebenenfalls kurz waschen und gut abtropfen lassen. Ein paar schöne Früchte zum Garnieren beiseite legen. Den Jogurt mit den Instant-Haferflocken, dem Honig und dem Zitronensaft verrühren. Die Beeren hinzufügen und leicht mit einer Gabel zerdrücken. Die Zubereitung in zwei Schälchen füllen und den Sirup darüber träufeln. Die Mandelblättchen kurz in einer trockenen Pfanne rösten und mit den zurückgelegten Beeren über den Jogurt streuen. Mit einigen Minzeblättchen garnieren.

Dieser leckere, fruchtige Jogurt eignet sich nicht nur hervorragend als gesundes Frühstück, sondern auch als leichte Zwischenmahlzeit oder als sommerliches Dessert.

FRUCHTIGES AUFS BROT

ANANASCREME MIT KOKOS

1 Babyananas
$^{1}/_{4}$ frische Kokosnuss
1 kleines Stück frischer Ingwer
1 EL Limettensaft
1 EL Keimöl oder Kokoscreme
1 EL Honig

ZITRUSCREME MIT NÜSSEN

100 g Doppelrahmfrisch-käse
1 Limette
1 Orange
2 EL Orangenblütenhonig
1 EL Pinienkerne
1 EL ungesalzene Pistazien
1 EL Mandelblättchen

Tipp:
Wer Kalorien einsparen möchte, ersetzt den Dop-pelrahmfrischkäse einfach durch Quark oder Hüt-tenkäse.

ANANASCREME MIT KOKOS

(oben)
Die Babyananas und das Stück Kokosnuss sorgfältig schälen und klein schneiden. Beides im Mixer oder mit einem Pürierstab nicht zu fein pürieren. Ein Stückchen Ingwer fein dazureiben. Limet-tensaft, Öl oder Kokoscreme sowie den Honig hinzufügen und alle Zutaten miteinander ver-rühren. Diese Creme hält sich im Kühlschrank 2–3 Tage.

Der Ingwer, eines der wich-tigsten Gewürze der asiati-schen Küche, wird in den tropi-schen Gegenden Asiens schon seit 3000 Jahren angebaut. Die Hauptlieferanten der knorrigen, scharfen Wurzel sind heute China und Indien. Der beste Ing-wer kommt angeblich aus Jamai-ka. Beim Kauf frischer Ingwer-wurzeln sollte man darauf ach-ten, dass sie sich fest und glatt anfühlen. Die Wurzeln bleiben im Kühlschrank 2 bis 3 Wochen frisch und sollten immer erst vor Gebrauch geschält werden.

ZITRUSCREME MIT NÜSSEN

(unten)
Den Doppelrahmfrischkäse durch ein feines Sieb in eine Schüssel drücken. Die Limette heiß abwa-schen, trockenreiben und etwas Schale zum Frischkäse reiben. Die Limette und die Orange wie einen Apfel schälen und dabei auch die weiße Haut entfernen. Die Filets lösen, etwas Orangen-saft aus dem Fruchtrückstand zum Frischkäse geben und ver-rühren. Den Honig und die klein geschnittenen Zitrusfilets vorsich-tig unterheben. Die Pinienkerne, Pistazien und Mandelblättchen mittelfein hacken und mit der Frischkäsecreme mischen. Diese Creme hält sich im Kühlschrank 2–3 Tage.

Da Pinienkerne schnell ranzig werden, sollte man beim Einkauf unbedingt darauf achten, dass sie frisch sind. In einem luft-dicht verschlossenen Behälter halten sich Pinienkerne ohne Schale einen Monat im Kühl-schrank.

GRAPEFRUITSALAT MIT KROKANT

Für den Krokant:

75 g Zucker
1 EL Honig
20 g Butter
3 EL kernige Haferflocken
1 EL Pinienkerne
2 EL ungesalzene Pistazien
2 EL Mandelstifte
etwas Öl

Für den Grapefruitsalat:

1 gelbe Grapefruit
1 rote Grapefruit
1 rosa Grapefruit
1 EL Ahornsirup
1 Staude Chicorée
4 Kugeln Orangeneis
1 EL Kokosraspeln

Tipp:

Wenn Ihnen Grapefruits zu bitter schmecken, dann bereiten Sie dieses Dessert mit sechs Orangen zu.

Den Zucker in einem schweren Topf zu einem hellen Karamell schmelzen lassen. Den Honig und die Butter vorsichtig einrühren, bis die Masse kräftig aufschäumt. Die Haferflocken, Pinienkerne, Pistazien und Mandelstifte einrühren. Einen großen Bogen Alufolie einfetten, die Nussmasse darauf streichen und fest werden lassen.

Inzwischen die Grapefruits wie einen Apfel schälen und dabei auch die weiße, bittere Haut entfernen. Mit einem scharfen Messer zwischen die Trennwände schneiden und so die Filets lösen. Fruchtrückstände gut ausdrücken. Den Fruchtsaft mit dem Ahornsirup süßen und über die Grapefruitfilets gießen.

Die äußeren Blätter des Chicorée entfernen, die einzelnen großen Blätter lösen und dekorativ auf vier Teller verteilen, ebenso die Grapefruitfilets. Den Saft sirupartig einkochen. Den Krokant zerkleinern und über die Grapefruits streuen. Jeweils 1 Kugel Orangeneis dazusetzen, mit dem Sirup beträufeln und mit einigen Kokosraspeln bestreuen.

*E*s wird vermutet, dass Grapefruits aus einer zufälligen Kreuzung zwischen Pampelmuse und Orange entstanden sind. Gelbfleischige Grapefruits schmecken herb-süßlich mit bitterer Note, rosafleischige Früchte schmecken mild und noch milder sind die roten Grapefruits.

HEIDELBEERPFANNKUCHEN

500 g gezuckerte Heidel-
beeren

Für die Pfannkuchen:
750 g Mehl
750 ml Milch
4 Eier
60 g Butter zum Aus-
backen

Für die Sauce:
500 ml Milch
250 g süße Sahne
80 g Zucker
50 g Butter
Zimt
Salz

Tipps:
*Die Pfannkuchen werden
lockerer, wenn man den
Teig vor dem Backen eini-
ge Zeit ruhen lässt. Bei
kleinen Pfannkuchen soll-
te der Teig locker vom Löffel fallen, bei größeren
sollte er sich leicht gießen
lassen. Damit sich die
Hitze besser verteilt,
nimmt man zum Backen
am besten eine schwere
Pfanne.*

Aus Mehl, Milch, Eiern und Salz
einen Pfannkuchenteig herstellen
und daraus in der heißen Butter
möglichst dünne und nicht zu
große Pfannkuchen backen.
Jeweils eine dicke Schicht gezuckerte Heidelbeeren darauf
geben, die Pfannkuchen zusammenrollen und in eine leicht mit
Butter eingefettete Auflaufform
legen.
Aus Milch, Sahne, Zucker, Butter, Zimt und Salz eine dünne
Sauce kochen und die Pfannkuchen damit übergießen. Anschließend etwa 45 Minuten bei
mittlerer Hitze im Ofen überbacken.

Die Pfannkuchen heiß servieren
und nach Belieben die restlichen
gezuckerten Heidelbeeren dazu
reichen.

*Wenn keine Kinder mitessen,
können Sie die Heidelbee-
ren, bevor Sie die Pfannkuchen
zusammenrollen, noch mit einigen Spritzern Heidelbeerlikör verfeinern.*

dass es den Anschein hat, als wolle die Sahne Kreise ziehen, und sofort heiß servieren.

Der Holunder ist ein meist sehr buschiger Strauch oder Baum, der bis zu 7 Meter hoch werden kann. Von Mai bis Juli entfaltet der Holunder seine großen weißen, duftenden Blütendolden, aus denen vom Spätsommer bis zum Herbst die schwarzen Beeren heranreifen. Die Blüten, vor allem aber die Beeren mit ihrem hohen Vitamin-C-Gehalt werden nicht nur wegen ihrer Heilkraft, etwa bei Erkältungen, Fieber und Rheuma, geschätzt, sondern sind schon seit alters her eine weit verbreitete Zutat in der Küche, die zwar einige Zeit etwas in Vergessenheit geraten war, sich heute aber wieder wachsender Beliebtheit erfreut. Die Blütendolden bäckt man gerne in einem Pfannkuchenteig heraus, während man die Beeren meist für Getränke oder als Kuchenbelag verwendet.

500 g Holunderbeeren
1 saftige Birne
1 Prise Zimt
1 Nelke
100–150 g Zucker
1 kräftige Prise Salz
125 ml Rotwein
2 EL Stärkemehl
125 ml süße Sahne

Tipp:
Holunderbeeren müssen vollreif sein, will man sie zu Saft oder Suppe verarbeiten. Roh sind sie ungenießbar.

Die Holunderbeeren waschen und abtropfen lassen. Die Birne schälen, in Viertel schneiden, das Kernhaus entfernen. Holunderbeeren, Birnenviertel, Zimt, Nelke, Zucker und Salz in 1 Liter Wasser erhitzen und kurz aufkochen lassen, danach 10 Minuten auf kleiner Flamme köcheln lassen.

Durch ein Sieb streichen. Rotwein zugießen. Nochmals erhitzen, mit kalt angerührtem Stärkemehl binden und aufkochen lassen. Die Suppe auf vorgewärmten Tellern verteilen, je 2 Esslöffel flüssige Sahne in die Tellermitte geben. Einmal kurz umrühren, so

HOLUNDERKUCHEN

1 kg gekochte Kartoffeln
100 g Mehl
50 g Speisestärke
1 Prise Muskat
1 Prise Salz
1 Eigelb
1 Ei

Für den Belag:
500 g Holunderbeeren
2 Eier
2 EL Zucker
250 g saure Sahne

Die am Vortag gekochten Kartoffeln schälen, durch die Kartoffelpresse drücken und mit den übrigen Zutaten zu einem Teig verkneten. Den Teig auf einem gut gefetteten Blech dünn ausrollen. Die reifen, sauber abgestreiften und gewaschenen Holunderbeeren darauf verteilen. Die Eier mit dem Zucker schaumig schlagen und die saure Sahne unterheben. Die Masse gleichmäßig auf den Holunderbeeren verteilen und den Kuchen 20 Minuten bei mittlerer Hitze im Backofen backen.

Bitte wundern Sie sich nicht allzu sehr, wenn bei diesem Rezept statt des üblichen Kuchenteigs ein Kartoffelteig als Grundlage dient. Die Holunder- oder Fliederbeeren passen dazu nämlich besonders gut, und wenn Sie diesen Kuchen erst einmal selbst probiert haben, werden Sie ihn bestimmt gerne auch Ihren Gästen anbieten. Die Hessen lieben die Kombination von frischen Beeren und Kartoffeln übrigens so sehr, dass man im Spessart als besondere Spezialität sogar eine Kartoffelsuppe mit Heidelbeerkuchen serviert.

KARTOFFELSUPPE MIT ZWETSCHGENKUCHEN

KARTOFFELSUPPE

1 kg Kartoffeln
1 ½ Liter Fleischbrühe
6 Eigelbe
6 EL saure Sahne
Muskat
Salz
2 trockene Brötchen
20 g Butterschmalz

ZWETSCHGENKUCHEN

Für eine Springform von
30 cm Durchmesser

Für den Hefeteig:

200 g Mehl
40 g Zucker
10 g Hefe
125 ml Milch
60 g Butter
1 Ei
1 Prise Salz
Semmelbrösel

Für den Belag:

1 ¼ kg Zwetschgen, am
besten Spätzwetschgen
2 EL Semmelbrösel
100 g Zucker
1 TL Zimt

KARTOFFELSUPPE

Kartoffeln schälen und würfeln.
In der Fleischbrühe zum Kochen
bringen und weich kochen.
Durch ein Sieb passieren und in
die Brühe zurückgeben. Wenn
die Suppe nicht mehr kocht, die
Eigelbe mit der sauren Sahne verrühren und vorsichtig unter die
Suppe ziehen, mit Muskat und
Salz abschmecken.
Die trockenen Brötchen in dünne
Scheiben schneiden und in Butterschmalz rösten. Vor dem Anrichten in die Suppenteller legen
und die Kartoffelsuppe darüber-
gießen. Dazu wird der Zwetschgenkuchen serviert.

*E*ine köstliche, wenn auch un-
gewöhnliche Kombination ist
diese badische Spezialität.

ZWETSCHGENKUCHEN

Einen Hefeteig zubereiten. Dafür
das gesiebte Mehl in eine Schüssel geben und in die Mitte eine
Vertiefung drücken. Darin mit
dem Zucker, der zerbröckelten
Hefe und etwas angewärmter
Milch einen Vorteig anrühren. In
der erwärmten Milch die Butter
schmelzen und, sobald der Vorteig Blasen wirft, die Milch sowie
das Ei und eine Prise Salz dazugeben. Nun alles gut verkneten und
zum Gehen an einen warmen Ort
stellen. Sobald sich das Teigvolu-
men etwa verdoppelt hat, noch
einmal durchkneten und etwa
½ cm dick ausrollen. Eine eingefettete Springform gleichmäßig
mit dem Teig auskleiden und den
Teig am Rand hochziehen. Den
Teigboden mit Semmelbrösel
bestreuen, um den beim Backen
austretenden Saft aufzusaugen.
Die gewaschenen, entsteinten
und in Viertel geschnittenen
Zwetschgen darauf legen. Den
Kuchen etwa 45–60 Minuten
im auf 175 °C vorgeheizten Backofen backen. Den Rand der
Springform entfernen und den
Kuchen mit einer Mischung aus
Zucker und Zimt bestreuen.
Noch warm zur Kartoffelsuppe
servieren.

KARTOFFELKUCHEN MIT HEIDELBEEREN

1,5 kg Kartoffeln
Milch
Salz
3 EL Mehl
2 Eier
Speck

Tipp:
Sicher passen frische Heidelbeeren am besten zu diesem Kartoffelgericht. Aber genausogut dürfen Kirschen, Johannisbeeren, Erdbeeren oder Himbeeren die Beilage bilden.

Die Kartoffeln schälen, reiben und auspressen, mit kochender Milch brühen, salzen und mit dem Mehl und den Eiern gut verrühren.
Den Speck in einer Pfanne anbraten, die Kartoffelmasse dazugeben und fest andrücken. Den Kuchen bei schwacher Hitze nur auf einer Seite backen, bis er fest ist. Damit er durchgart und nicht anbrennt, die Pfanne zudecken und gelegentlich leicht schütteln. Den fertigen Kartoffelkuchen in Vierecke schneiden und mit Heidelbeerkompott servieren.

*Die Kartoffel, die erst im 16. Jahrhundert aus Südamerika nach Europa und Deutschland gelangte, stieß bei der Bevölkerung hier zu Lande anfänglich auf so große Ablehnung, dass sie sogar per königlichem Dekret zum Anbau der unbekannten Knolle gezwungen werden musste. Dann allerdings entwickelte sie sich relativ bald zum wichtigsten Grundnahrungsmittel neben dem Brot. Und ähnlich wie das Brot ist auch die Kartoffel ausgesprochen vielseitig. Eignet sie sich doch keinesweg nur als Beilage zu Fleisch- und Fischspeisen oder als Zutat in pikanten Gemüsegerichten, sondern lässt sich auch hervorragend mit Früchten zu sättigenden, süßen Hauptgerichten wie diesem Kartoffelkuchen, Aufläufen o.ä. verarbeiten.
Für den Kartoffelkuchen empfiehlt es sich, eine mehlig kochende Kartoffelsorte zu verwenden.*

KOPFSALAT MIT FRISCHEN ERDBEEREN

Für die Marinade:
Salz
Saft von 1 Zitrone
Zucker
Öl
2–3 EL Wein

2 Köpfe Salat
200 g frische Erdbeeren
200–250 g Schmand
oder Vollmilchjogurt
10 Pfefferkörner
1 Bund Petersilie

Tipp:
*Erdbeeren immer erst un-
mittelbar vor der Zubereitung mit den Stielansätzen
waschen, da sie sonst viel
Saft verlieren. Die Früchte
nur kurz waschen, damit
sie sich nicht mit Wasser
voll saugen und an Aroma
einbüßen.*

Aus Salz, Zitronensaft, Zucker, Öl und Weißwein eine Salatmarinade rühren.
Den geputzten, gewaschenen und trockengeschleuderten Salat durch die Marinade ziehen und in einer Salatschüssel oder als Einzelportionen anrichten. Die gewaschenen und vom Blütenansatz befreiten Erdbeeren halbieren. Die Salatblätter mit dem etwas nachgewürzten Schmand oder Jogurt überziehen. Die Erdbeeren darüber verteilen und mit den grob zerdrückten Pfefferkörnern und gehackter Petersilie bestreuen.

*D*er Salat war ursprünglich im Mittelmeerraum und in Asien beheimatet, wo man ihn wegen seines ölhaltigen Samens bereits vor 6500 Jahren anbaute. Persern, Griechen und Römern soll der Kopfsalat schon um 600 v.Chr. als Gemüse und Heilpflanze gedient haben.
Blattsalate sind ausgesprochen kalorienarm, enthalten jedoch sehr viel Wasser und Folsäure. Der Vitamin- und Mineralstoffgehalt hängt von der jeweiligen Sorte ab, wobei Salate mit kräftig grünen Blättern generell reicher an Vitaminen und Mineralstoffen sind.

KIRSCHSUPPE
WEINSUPPE

KIRSCHSUPPE

1 kg Sauerkirschen
250 ml Weißwein
1 Zimtstange
150–250 g Zucker
2 EL Stärkemehl
3 Eiweiß

Tipp:
Zum Kochen sollte man
Sauerkirschen verwenden.
Da Süßkirschen nur wenig
Säure besitzen, schmecken
sie gekocht etwas fade.

WEINSUPPE

100 g Zucker
Salz
1 Stück frischer Ingwer
1 Stück Zimtrinde
100 g Butter
2 EL Mehl
1 Flasche trockener Weiß-
wein
4 Eier
Biskuits

Tipp:
Frischen Ingwer immer
erst unmittelbar vor der
Zubereitung schälen.

KIRSCHSUPPE

(unten)
Die gewaschenen, entsteinten
Kirschen mit $3/4$ Liter Wasser,
Wein, Zimtstange und Zucker
aufkochen. Die Zuckermenge
nach Belieben und Säure der Kirschen bemessen. Das Stärkemehl
mit etwas kaltem Wasser glatt-
rühren. Die Suppe damit binden.
Kalt stellen.
Für die Bällchen die Eiweiße steif
schlagen, dabei den restlichen
Zucker untermischen. Wasser
zum Kochen bringen. Von der
Eischneemasse mit einem Teelöffel Klößchen abstechen. Im
heißen, nicht ganz kochenden
Wasser 3 Minuten schwimmen
lassen. Vor dem Servieren die
Schneebällchen auf die Suppe setzen. Dazu werden Zwiebäcke
oder Biskuits gereicht.

Damit der Eischnee für die
Schneebällchen auch wirk-
lich gelingt, muss man nur einige
Grundregeln beherrschen: Die
Eier sollten nicht zu frisch sein,
denn sie enthalten dann viel
Feuchtigkeit. Das Eiweiß darf
nicht durch Eigelb verunreinigt
sein und sollte mit einem mög-
lichst großen Schneebesen ohne
Unterbrechung geschlagen wer-
den.

WEINSUPPE

(oben)
$1/4$ Liter Wasser mit Zucker und
Gewürzen aufkochen und 20
Minuten köcheln lassen.
Währenddessen in einem Topf
die Butter erhitzen und das Mehl
unter Rühren hellgelb anschwitzen. Allmählich unter Rühren die
durchgeseihte Brühe zum Mehl
geben. Wein zugießen und erhitzen. Die Eier trennen. Eigelbe
mit etwas Suppe verquirlen. Einrühren und erhitzen, bis das Eigelb bindet. Nun sollte die Suppe
nicht mehr kochen. Die Eiweiße
steif schlagen und mit dem Teelöffel als Flocken auf die Suppe
setzen. 3 Minuten ziehen lassen.
Dazu Biskuits reichen.

Beim Zimt handelt es sich um
die getrocknete Rinde eines
Baumes aus der Lorbeerfamilie,
die um das 16. Jahrhundert im
Zuge der Entdeckungsreisen aus
Sri Lanka zu uns gelangte. Sei-
netwegen wurde Sri Lanka sogar
von den Portugiesen erobert.
Heute wird der immergrüne Zimt-
baum auch in Indien, Brasilien
und auf den Seychellen angebaut.

MANDARINENSALAT MIT PALMHERZEN

1 Dose Palmherzen
500 g kernlose Mandari-
nen
1 Kopfsalat
Saft von 1 Zitrone und
1 Orange
2 EL Cognac
2 EL Öl
Pfeffer
Salz
Currypulver

Die Palmherzen abtropfen lassen und in Stücke schneiden. Die Mandarinen schälen, die weiße Haut entfernen und die Mandarinenfilets auslösen.
Den Kopfsalat waschen und die Blätter in mundgerechte Stücke zerteilen. Palmherzen, Mandarinenfilets und Salatblätter miteinander vermengen und auf vier Salatschüsselchen verteilen.
Aus dem Zitronen- und Orangensaft, dem Cognac und dem Öl eine Marinade herstellen, mit den Gewürzen abschmecken und über den Salat gießen. Mit gebuttertem Toast servieren.

Bei den so genannten Palmherzen, auch Palmitos oder Palmenmark, handelt es sich um das zarte Mark einiger südamerikanischer Palmenarten. Bei uns gelten die Palmherzen, die vorwiegend aus Brasilien, Paraguay und Argentinien eingeführt werden, als wahre Delikatesse. Angeboten werden sie vorgekocht und zerkleinert in Dosen und man verwendet sie meist in Vorspeisen und Salaten oder als Gemüsebeilage.

SALATSCHÜSSEL MIT FRÜCHTEN

1 Kopf Chinakohl
1 Kopf Radicchio
1 Chicorée
200–300 g Weintrauben
3 Orangen
1 Grapefruit

Für die Marinade:
2 Zitronen
200 g Naturjogurt
1 TL Zucker
Salz
Cayennepfeffer
Salatkräuter

Tipp:

Chicorée nie längere Zeit im Wasser liegen lassen, da sich sonst der bittere Geschmack verstärkt. In der Regel genügt es, die Blätter mit einem feuchten Tuch abzureiben. Darüber hinaus empfiehlt es sich, aus der Mitte des Strunks einen 3 cm langen Keil herauszuschneiden, da dort die Bitterstoffe am konzentriertesten sind.

Die Blattsalate putzen, halbieren, waschen, jeweils den Strunk entfernen und die Salate in mundgerechte Stücke zerpflücken.
Chicorée vom kegelförmig ausgeschnittenen Strunk befreien und in 1–2 cm dicke Streifen schneiden. Die Weintrauben waschen, halbieren, eventuell entkernen. Die Orangen und die Grapefruit schälen und in Filets zerlegen. Das Obst unter den Salat mengen.
Für die Marinade die Zitronen schälen, in Filets zerlegen und den dabei herabtropfenden Saft auffangen.
Den Jogurt mit den Zitronenfilets, Zitronensaft, Zucker, Salz und Cayennepfeffer verrühren und mit den Salatkräutern abrunden.

Den Salat auf einer Glasplatte oder auf Salattellern anrichten und die Jogurtmarinade darauf verteilen.

*D*er Chicorée wie wir ihn heute kennen ist das Ergebnis langjähriger Züchtungsversuche, die der belgische Botaniker Brézier an der wilden Zichorienwurzel vornahm. Der Anbau der so genannten „Brüsseler Endivie", die vorwiegend in Frankreich, Belgien, Holland und Italien kultiviert wird, ist relativ aufwändig.

GEFLÜGELSALAT MIT ROSA GRAPEFRUIT

1 rosa Grapefruit
8 mit Paprika gefüllte Oliven
100 g grüne kernlose Trauben
250 g gekochte Geflügelbrust
einige Blätter Frisee, Romana- und/oder Kopfsalat

Für die Currysauce:
1 EL Grapefruitsaft
Salz, schwarzer Pfeffer
1 Messerspitze Zucker
2 Messerspitzen Currypulver
100 g cremiger Jogurt
80 g Mayonnaise

Für die Käsesauce:
100 g Jogurt
250 ml süße Sahne
80 g Mayonnaise
100 g Gorgonzola oder ein anderer Blauschimmelkäse
eventuell Salz und Pfeffer

Für die Walnusssauce:
1 Knoblauchzehe
frische Kräuter (Basilikum, Petersilie, Estragon)
2 EL Essig
Salz, schwarzer Pfeffer
50 g gemahlene Walnüsse
7 EL Olivenöl

Die Grapefruit wie einen Apfel schälen und mit einem scharfen Messer die Fruchtfilets zwischen den weißen Häuten auslösen; den Saft dabei auffangen. Die Oliven in Scheiben schneiden. Die Trauben waschen und die großen halbieren. Die Geflügelbrust in mundgerechte Scheiben schneiden. Die Salatblätter waschen, trockentupfen und Glasschalen oder Teller damit auslegen. Die Grapefruit, die Geflügelbrust, die Oliven und die Trauben darauf anrichten. Je nach Geschmack mit einer der drei folgenden Saucen würzen.

Für die Currysauce den Grapefruitsaft mit Salz, Pfeffer, Zucker, Currypulver, Jogurt und Mayonnaise verrühren.

Für die Käsesauce alle Zutaten im Mixer oder mit dem Handrührgerät verarbeiten.

Für die Walnusssauce den Knoblauch abziehen und wie die Kräuter fein hacken. Alle Zutaten mit 5 bis 8 Esslöffel Wasser vermischen.

Das südliche Texas ist berühmt für seine guten Grapefruits. Das leicht subtropische, feuchte Klima ist ideal für den Anbau der Zitrusfrucht. Die rosa Varietät der ansonsten weißfleischigen Frucht überzeugt durch ihren leicht süßen Geschmack. In Kombination mit Oliven wird sie gern als erfrischender Salat zubereitet.

Tipp:
Je nach Gusto die Grapefruit durch frische Feigen ersetzen.

MAISGRIESSAUFLAUF MIT SAUERKIRSCHEN

2 EL Butter
250 g frische Sauer-
kirschen
2 EL Honig
1 Schuss Rotwein
1 Msp. Zimtpulver
2 EL Mandelsplitter
2 EL Haselnüsse
250 g Dickmilch
1 Tasse Maisgrieß
Apfeldicksaft
Zitronensaft
geschlagene süße Sahne
Honig zum Beträufeln

APFEL-REISAUFLAUF

250 ml Milch
75 g Milchreis
1 Msp. Vanillearoma
1 TL Zitronenschale
2 EL Butter
2 EL Honig
2 Eigelb
2 Eiweiß
1 Prise Salz
2 säuerliche Äpfel
Saft von 1 Zitrone
3 EL Preiselbeerkompott
geschlagene süße Sahne
gehackte Nüsse

MAISGRIESAUFLAUF MIT SAUERKIRSCHEN

(oben)

Die Butter in einer Pfanne erhitzen. Die gewaschenen, entsteinten und gut abgetropften Sauerkirschen kurz darin anschwitzen. Den Honig unterrühren. Mit Rotwein ablöschen, mit Zimtpulver aromatisieren. Mit den Mandelsplittern und den Haselnüssen vermischen. Das Ganze in eine Auflaufform füllen. Die Dickmilch mit dem Maisgrieß verrühren. Mit Apfeldicksaft und Zitronensaft verfeinern. Gleichmäßig auf den Kirschen verteilen. Den Auflauf im auf 200 °C vorgeheizten Backofen 20 Minuten backen. Herausnehmen, anrichten, mit geschlagener, gesüßter Sahne ausgarnieren. Mit Honig beträufeln und servieren.

Maisgrieß wird aus fein ausgemahlenem getrockneten Maiskörnern gewonnen. Um die Haltbarkeit zu verbessern, wird dabei vorher wie beim Maismehl der Keim entfernt. Maisgrieß verwendet man besonders gern in der italienischen Küche, etwa für Gnocchi und die berühmte Polenta.

APFEL-REISAUFLAUF

(unten)

Die Milch mit dem Milchreis, dem Vanillearoma und der Zitronenschale sowie der Butter in einen Topf geben. Bei mäßiger Hitze 15 Minuten köcheln lassen. Vom Herd nehmen und weitere 10 Minuten ausquellen lassen. Mit Honig nach Geschmack süßen und die Eigelbe untermischen. Die Eiweiße mit dem Salz zu steifem Schnee schlagen und vorsichtig unter die Reismasse heben. Die Äpfel schälen, entkernen, in Scheiben schneiden und mit Zitronensaft beträufeln. Eine Auflaufform mit etwas Butter ausfetten und die Apfelscheiben hineinlegen. Die Apfelscheiben mit Preiselbeerkompott besetzen und mit der Reismasse überziehen. Im auf 200 °C vorgeheizten Backofen 15 Minuten backen. Herausnehmen, mit geschlagener, gesüßter Sahne ausgarnieren, mit gehackten Nüssen bestreuen und servieren.

HAUPTGERICHTE MIT FRÜCHTEN UND FRUCHTSAUCEN

Dass sich Früchte und Beeren auch hervorragend mit Fleisch und Fisch kombinieren lassen, dafür liefert die asiatische Küche das beste Beispiel. Doch auch in vielen Gerichten der deutschen und anderer europäischer Küchen sind sie seit langem fester Bestandteil und verleihen den Speisen eine besondere, fruchtige Note.

BIERFLEISCH MIT KÜMMEL UND APFELSCHEIBEN

3 große Zwiebeln
500 g Schweinegulasch
80 g Schmalz
Salz
Pfeffer
Paprika edelsüß
Kümmel
50 g Weizenmehl
½ Flasche Bier
nach Bedarf etwa 500 ml
Fleischbrühe
2 Knoblauchzehen
2 Äpfel
50 g Butter
1 Bund Petersilie oder
Schnittlauch

Die in Scheiben geschnittenen Zwiebeln mit den Fleischwürfeln in Schmalz kräftig anbraten, mit Salz, Pfeffer, Paprika und reichlich gemahlenem oder gehacktem Kümmel würzen und mit Mehl bestäuben.
Danach mit dem Bier ablöschen und mit Flüssigkeit (Wasser oder Brühe) bedecken, den fein geschnittenen Knoblauch beifügen und das Fleisch zugedeckt fertig schmoren.
Die Äpfel vom Kerngehäuse befreien oder ausstechen und in etwa ½ cm dicke Scheiben schneiden, in Butter von beiden Seiten anschwitzen und als Garnitur auf das fertige Bierfleisch

setzen. Zum Schluss reichlich mit gehackter Petersilie oder Schnittlauchröllchen bestreuen.

Der Kümmel, ein Verwandter des Dills und des Fenchels, wird nicht nur in Indien und den arabischen Ländern, sondern auch in Deutschland als Gewürz und Heilpflanze sehr geschätzt. Kümmelsamen wurden bereits vor 5000 Jahren verwendet und der Kümmel zählt damit zu den ältesten Gewürzen Europas. Der vielseitig verwendbare Samen eignet sich nicht nur zum Würzen von Fleisch, Wurst, Eintöpfen, Gemüse oder Käse, sondern auch zum Aromatisieren von Schnäpsen. Darüber hinaus schätzt man ihn auch in unseren Breiten als Mittel gegen Magen- und Verdauungsbeschwerden.
Die Kümmelsamen entfalten ihr Aroma am besten, wenn sie zerstoßen und geröstet werden oder wenn man sie einfach in den Speisen mitkochen lässt.

BLÄTTERTEIGLENDCHEN AUF KIWISAUCE

300 g Tiefkühlblätterteig
etwas Mehl
2 Schweinelendchen
à 300 g
Öl
Salz
Pfeffer
2 Eigelb

Für die Sauce:
6 Kiwis
3 EL Mandelblättchen
250 ml Orangensaft
200 g Crème fraîche
Salz
Pfeffer
etwas Zucker

Tipp:
Kiwis immer nur sehr kurz
mitgaren, sie verlieren
sonst ihre Farbe und ihr
feines Aroma.

Den Teig auftauen und auf der bemehlten Arbeitsfläche dünn ausrollen. 2–3 schmale Streifen zur Verzierung abschneiden. Die Lendchen 7 Minuten in Öl braten, salzen und pfeffern, in Mehl wenden und abkühlen lassen. Dann das Fleisch auf den Teig legen, einrollen und den Rand mit etwas Eigelb verkleben. Alles mit den Teigstreifen hübsch verzieren. Das restliche Eigelb mit etwas Wasser verrühren und aufpinseln. Einige Löcher in den Teig stechen und die Lendchen im vorgeheizten Backofen bei 180 °C etwa 30 Minuten backen. In der Zwischenzeit die Sauce zubereiten. Die Kiwis schälen und in dünne Scheiben schneiden. Die Mandeln ohne Fett in einer Pfanne anrösten, mit dem Orangensaft ablöschen und die Sauce auf die Hälfte einkochen lassen.
Die Crème fraîche zugeben und weiter einkochen lassen, bis die gewünschte Konsistenz erreicht ist. Die Kiwis in der Sauce ziehen lassen und mit Salz, Pfeffer und Zucker abschmecken. Die Blätterteiglendchen aufschneiden und mit der Kiwisauce umgießen.

Um gebratenes Schweinefleisch, das manchmal etwas langweilig schmecken kann, „aufzupeppen", greift man gerne auf Früchte zurück. Besonders beliebt ist dabei süßes oder säuerliches Obst wie Aprikosen, Pflaumen, Äpfel oder Orangen. Sehr empfehlenswert, wenn auch nicht ganz so verbreitet, ist aber auch die Kombination mit Feigen oder wie in unserem Fall mit den leicht säuerlichen Kiwis.
Der Blätterteigmantel schmeckt nicht nur vorzüglich, sondern sorgt zudem dafür, dass das Fleisch schön saftig bleibt.

GÄNSEBRATEN MIT BRATÄPFELN

Für 4–6 Personen

1 Gans von etwa 2,5 kg
Salz
weißer Pfeffer
2 EL Beifuß
2 Petersiliensträußchen
4 Äpfel
2 Zwiebeln
1 Hand voll Rosinen
5 EL süße Sahne
1 EL Mehl

Tipp:
Das Gänsefett, das beim Braten austritt, ergibt nicht nur einen leckeren Brotaufstrich, sondern eignet sich auch hervorragend zum Braten von Bratkartoffeln.

Die vorbereitete Gans innen mit Salz und Pfeffer, außen mit Salz einreiben. Den Bauch mit Beifuß und Petersilie füllen. Eine Deckelpfanne 3 cm hoch mit Wasser füllen, erhitzen, die Gans hineingeben und zugedeckt gut 2 Stunden im vorgeheizten Backofen bei 180 °C schmoren. Den Braten häufig mit dem Bratensatz beschöpfen und hin und wieder in der Schwanzgegend einstechen, damit das Fett ablaufen kann.
Die Kerngehäuse der Äpfel ausstechen. Die geschälten Zwiebeln in kleine Würfel schneiden. Beides zusammen mit den gewaschenen Rosinen 20 Minuten in dem Bratensaft mitschmoren. Den Deckel abnehmen, Äpfel herausnehmen und warm stellen. Die Gans mit Salzwasser bepinseln und 5 Minuten ohne Deckel bei 250 °C knusprig braun braten. Die Gans herausnehmen. Das reine Fett abschöpfen. Den Bratensatz mit etwas Wasser loskochen, durch ein Sieb passieren und anschließend mit dem in der Sahne angerührten Mehl binden. Mit Salz und Pfeffer abschmecken. Die Gans zerlegen, auf einer Platte anrichten. Mit Rotkohl, Kartoffelklößen und Bratäpfeln servieren.

Der Gänsebraten zählt bei uns nach wie vor zu den beliebtesten Klassikern unter den Weihnachtsgerichten und kommt ähnlich wie der Truthahn zum amerikanischen Thanksgiving Day meist nur einmal im Jahr auf den Tisch. In einigen Gegenden Deutschlands pflegt man sie aber auch am 11. November, dem Martinstag, als Martins- oder Martinigans zu servieren. Dieser Brauch geht auf eine Legende zurück, derzufolge sich der Heilige Martin von Tours versteckt haben soll, um seiner Wahl zum Bischof zu entgehen. Doch er wurde durch das Geschnatter einer Gänseschar verraten, wofür diese in der Bratröhre büßen mussten.

GESCHMORTE REHHAXEN MIT KIRSCHSAUCE

8 Rehhaxen
Röstgemüse: 100 g Zwiebeln, 50 g Sellerie, 30 g Lauch
Pfeffer
Salz
2 EL Öl
2 Liter Wildfond
30 g Tomatenmark
200 ml Rotwein
6 Wacholderbeeren
2 Nelken
1 Lorbeerblatt
50 g Preiselbeergelee oder Preiselbeeren
2 cl Weinbrand
1 Prise Zucker
100 g entsteinte, frische Kirschen
2 TL Butter
2 cl Armagnac

Tipp:
Anstelle der Kirsche können für die Sauce je nach Jahreszeit auch andere Früchte wie Pflaumen, Hagebutten oder Quitten verwendet werden.

Die Rehhaxen parieren, dabei die Knochen so weit wie möglich abschlagen. Das Röstgemüse grob zerkleinern und andünsten. Die Haxen mit Pfeffer und Salz würzen und in sehr heißem Öl kurz und scharf anbraten, herausnehmen und die Knochen anbraten. Mit dem Wildfond 2–3-mal ablöschen, dann das Tomatenmark zugeben und angehen lassen. Mit Rotwein ablöschen und mit Wildfond auffüllen. Die Sauce aufkochen lassen, die Rehhaxen und die zerstoßenen Gewürze zugeben. 1 1/2 Stunden schmoren. Lässt sich das Fleisch leicht vom Knochen lösen, herausnehmen und erkalten lassen.
Der Sauce das Preiselbeergelee und den Weinbrand zugeben, aufkochen und durch ein Sieb passieren. Auf die Hälfte reduzieren, dann mit Salz und Zucker abschmecken.
Die Kirschen in Butter kurz anschwenken, mit Armagnac ablöschen und mit der Rehsauce auffüllen. Nochmals zusammen mit dem Fleisch gut durchkochen. Dann das Fleisch vom Knochen lösen.
Als Beilage können Sie Spätzle oder Salzkartoffeln bereiten.

Da Wildfleisch sehr mager ist – es enthält etwa 80% weniger Fett als Rindfleisch –, trocknet es bei längerem Garen leicht aus und wird zäh. Es empfiehlt sich deshalb, das Fleisch, bevor man es im Ofen gart, erst rundherum in der Pfanne anzubraten und es während des Garens im Ofen immer wieder mit Bratenfond zu begießen. Am besten schmeckt Wildfleisch, wenn es innen noch leicht rosa ist.

KANINCHENRÜCKEN MIT TRAUBEN UND MOSTSAUCE

4 Kaninchenrücken
à 200 g

Für die Sauce:
1 Zwiebel
40 g Lauch
1 Apfel
1 EL Olivenöl
50 ml Most
70 ml Weißwein
400 ml Fleischbrühe oder
heller Kalbsfond
1/2 Knoblauchzehe
1 Thymianzweig
1 Nelke
5 Wacholderbeeren
200 g süße Sahne
1 TL Speisestärke
Salz
Zucker

Für die Füllung:
80 g Weintrauben
60 g Weißbrot ohne Rinde
80 g Crème fraîche
1 Eigelb
1 kleines Bund Kerbel
Salz
Pfeffer aus der Mühle
Muskat
20 g Butter

Den Backofen auf 170 °C vorheizen. Die Kaninchenrücken von unten her auslösen, ohne dabei die Oberhaut zu verletzen. Die Filets lassen sich so besser einrollen. Bauchlappen dranlassen! Für die Sauce die Kaninchenknochen in walnussgroße Stücke hacken. Zwiebel, Lauch und eine Apfelhälfte in Würfel schneiden und mit den Knochen in Olivenöl angehen lassen, ohne dass sie Farbe annehmen. Mit dem Most und drei Viertel des Weißweins ablöschen, mit Brühe oder Fond auffüllen. Den zerdrückten Knoblauch, Thymian, Nelke und Wacholderbeeren zugeben und etwa 1 Stunde köcheln lassen. Etwa 30 Minuten vor Ende der Kochzeit mit der Füllung beginnen. Dazu die Trauben abziehen, entkernen und in feine Würfel schneiden. Mit dem gewürfelten Weißbrot und mit den übrigen Zutaten vermengen und abschmecken.
Vier ausreichend große Alufolien mit Butter einstreichen; darauf die ausgelösten Rücken mit der Haut nach unten legen. Die Fülle zwischen die Filethälften streichen. Die Bauchlappen über die Füllung zu einer geschlossenen Rolle einschlagen, diese in die Folien einwickeln, die an beiden

Enden wie Bonbons zusammengedreht werden. Im Backofen 15 Minuten garen, herausnehmen und 3 Minuten nachziehen lassen.
Während der Garzeit die Sauce durch ein Sieb passieren, die Sahne zugeben und aufkochen. Speisestärke mit dem restlichen Weißwein anrühren und die Sauce damit binden. Mit Salz und Zucker abschmecken, die fein geschnittene zweite Apfelhälfte zugeben und nochmals kurz aufkochen.
Die Kaninchenrücken auf einer Platte anrichten und mit etwas Sauce überziehen, die restliche Sauce gesondert reichen. Dazu gibt es ein feines Gemüse wie grüne Bohnen und Spätzle oder auch Salzkartoffeln, und im Kühlschrank könnte schon ein rassiger Wein bereitliegen.

Kaninchenfleisch, das im Geschmack etwas an Huhn erinnert, lässt sich auf vielfältige Weise zubereiten. Sehr beliebt ist es in der italienischen Küche, wird aber gerade in den letzten Jahren auch mehr und mehr in deutschen Supermärkten und Restaurants angeboten.

KALBSBRUST MIT STACHELBEEREN

1 kg Kalbsbrust
Salz
Pfeffer
100 g Butter
2 EL Olivenöl
1 große Möhre
1 große Zwiebel
1 Petersilienwurzel
250 ml Weißwein
250 ml Fleischbrühe

Für die Sauce:
1/2 TL Zimt
1 TL abgeriebene unbe-
handelte Zitronenschale
400 g Stachelbeeren
4 Schalotten
2 EL Zucker
30 g Butter
2 Eigelb
2 EL süße Sahne

Tipp:
*Da Kalbfleisch sehr leicht
austrocknet, sollte man es
stets nur bei niedriger
Temperatur (175 °C) ga-
ren und die Garzeit gege-
benenfalls etwas verlän-
gern.*

Die Kalbsbrust waschen, trockentupfen, mit Salz und Pfeffer einreiben. Die Butter und das Olivenöl in einem Bratentopf erhitzen und die Kalbsbrust darin von
allen Seiten gut anbraten.
Möhre, Zwiebel und Petersilienwurzel zu dem Fleisch geben und
im Backofen bei 175 °C etwa
80–90 Minuten schmoren lassen. Ab und zu das Fleisch mit
dem Bratensatz, dem Rest
Weißwein und Brühe begießen.
Für die Sauce Zimt, Zitronenschale und 200 g Stachelbeeren mit
in den Bratensaft geben und das
Ganze weitere 25–30 Minuten
schmoren lassen.
Die Schalotten abziehen und
würfeln. Den Zucker in der Butter in einem Topf leicht karamelisieren lassen, die Schalotten hin-

zufügen und unter ständigem
Rühren 5 Minuten anschwitzen.
Den Rest Stachelbeeren dazugeben und weich dünsten.
Das Fleisch aus dem Bratentopf
nehmen und warm stellen. Bratenfond mit Gemüse durch ein
Haarsieb streichen oder mit dem
Mixstab pürieren, mit Salz und
Pfeffer abschmecken und die
gedünsteten Stachelbeeren und
die Schalotten in die Sauce
geben.
Die Eigelbe gut mit der Sahne
verrühren und unter die Sauce
ziehen. Keinesfalls mehr kochen.
Dazu serviert man Kartoffelmus
und einen knackigen gemischten
Salat

*Die Stachelbeere ist eine
beliebte Zutat in der englischen Küche, wo man beispielsweise Makrelen gerne mit einer
süß-sauren Sauce mit Stachelbeeren serviert. Für unsere Gaumen
eher ungewohnt, aber ausgesprochen lecker und interessant ist
diese Kombination von zartem
Kalbfleisch und säuerlichen Stachelbeeren.*

LANGUSTEN MIT ORANGENSAUCE

lassen und danach auf einer vorgewärmten Platte anrichten. Den Fond mit der Sahne, den Eigelben und dem Orangensaft verrühren und 5 Minuten bei schwacher Hitze köcheln lassen. Die Langusten mit der Sauce begießen und mit Orangenscheiben und Cocktailkirschen garnieren.

Langusten sehen ähnlich aus wie Hummer und schmecken auch so. Im Gegensatz zum Hummer haben sie jedoch keine Scheren. Gefangen wird die Languste überwiegend in Reusen und Körben, manchmal auch von Tauchern mit der Hand. Gegessen wird nur der Schwanzteil unter den Panzerringen, der frisch, gekocht oder gefroren in den Handel kommt. Frische Langusten werden für den Versand in feuchte Holzwolle verpackt oder in Aquarien gesetzt. Ob eine Languste wirklich frisch ist, erkennt man am eingerollten Schwanz. Und hebt man das Tier hoch, muss es kräftig mit dem Schwanz schlagen.

¹/₂ Sellerieknolle
2 Möhren
2 kleine Zwiebeln
¹/₂ Bund Petersilie
je 2–3 Stängel Thymian, Basilikum und Salbei
2 Lorbeerblätter
¹/₂ Zitrone
1 Glas Weißwein
4 tiefgefrorene Langusten
60 g Butter
grüner Pfeffer
2 EL Weinbrand
375 g süße Sahne
3 Eigelb
Saft von 3 Orangen

Zum Garnieren:
2 unbehandelte Orangen

Sellerie, Möhren und Zwiebeln putzen, waschen und grob zerkleinern. Mit den Kräutern, den Lorbeerblättern, der in Scheiben geschnittenen Zitrone und dem Wein in einen großen Topf mit Wasser geben und aufkochen lassen. Nach 10 Minuten die unaufgetauten Langusten hineingeben und je nach Größe 20–30 Minuten kochen. Anschließend abtropfen lassen und der Länge nach halbieren. Das Fleisch aus Schalen und Beinen herauslösen und die Innereien entfernen. Das Fleisch in 1 cm dicke Scheiben schneiden. Die Scheiben in der heißen Butter goldgelb anbraten und mit Salz, Pfeffer und Weinbrand würzen. 8 Minuten ziehen

REHSCHNITTE MIT ORANGEN

800 g ausgelöster
Rehrücken
Salz
frisch gemahlener
schwarzer Pfeffer
2 EL Mehl
100 g Butterschmalz

Für die Sauce:
2 Schalotten
Schale von 1 unbehandelten Orange
60 g Butter
2 Pfefferkörner
4 Wacholderbeeren
125 ml Rotwein
4 EL süße Sahne

Zum Garnieren:
4 unbehandelte Orangen
4 EL Weinbrand
40 g Butter
2 EL geriebene Nüsse
4 EL geröstete Mandelblättchen

Tipp:
Das sehr magere Rehfleisch sollte stets nur kurz gegart werden, da es sonst leicht zäh und trocken wird.

Aus dem ausgelösten Rückenfilet flache, 2–3 cm große Scheiben oder Medaillons schneiden, mit Salz und Pfeffer einreiben, in Mehl wenden und abklopfen. In einer Pfanne Butterschmalz erhitzen und die Fleischscheiben auf beiden Seiten 5–6 Minuten braten. Das Innere soll zartrosa bleiben. Die Fleischscheiben herausnehmen und warm stellen. Den Fond für die Sauce mit $1/8$ Liter heißem Wasser loskochen und beiseite stellen. Die geputzten Schalotten in feine Ringe, die gut gewaschene Orangenschale in dünne Streifen schneiden und in 30 g Butter andünsten. Die zerdrückten Pfefferkörner und Wacholderbeeren zugeben und mit der Hälfte des Rotweins ablöschen. Etwas einkochen lassen, dann den restlichen Rotwein angießen. Ebenfalls einkochen, dann den beiseite gestellten Rehfond zufügen und alles um die Hälfte einkochen. Die Sauce durchpassieren und mit Salz und Pfeffer abschmecken. Schlagsahne zugeben und die restliche eisgekühlte Butter einschlagen. Von den geschälten Orangen die bittere weiße Haut entfernen, dann die Filets aus den Trennhäuten schneiden. Über die Filets den Weinbrand gießen. In einer Pfanne Butter zerlassen, das Fruchtfleisch kurz darin schwenken und die geriebenen Nüsse darüberstreuen. Die Fleischscheiben auf vorgewärmte Teller legen, die Orangen darauf anrichten und mit gerösteten Mandelblättchen garnieren. Etwas Sauce angießen. Dazu schmecken Fleurons oder Toast und ein junger kräftiger Rotwein.

Ein Wildgericht ohne Wacholder ist nahezu undenkbar. Die blauschwarzen Beeren sind die Früchte einer Konifere, die vorwiegend in den Nadelwäldern der nördlichen Halbkugel wächst. Die Beeren sind nicht nur ein weit verbreitetes Gewürz, man schreibt ihnen auch eine entzündungshemmende Wirkung zu und gewinnt daraus den vor allem in England so beliebten Gin.

SCHWEINEKAMM MIT PREISELBEEREN

Für die Beize:

750 ml Wasser
375 ml Rotwein
375 ml Weinessig
125 g Sellerie, gewürfelt
125 g Möhren, in Schei-
ben geschnitten
1 Stange Lauch, in Röll-
chen geschnitten
6 Wacholderbeeren
2 zerstoßene Nelken
1 TL Basilikum
1 gehäufter TL Salz
1 Stück ungespritzte Zitronenschale
2 kleine Fichtenzweige

1,5 kg Schweinekamm
50 g Bratfett
125 g süße Sahne
2 EL Preiselbeeren

Tipp:

Das Wichtigste an diesem Rezept ist die Beize, in der das Fleisch mindestens zwei Tage ziehen sollte. Sparen Sie hier nicht an der falschen Stelle und verwenden Sie einen möglichst guten Rotwein und einen echten Weinessig.

Die Zutaten für die Beize in einen Steintopf füllen, das Fleisch einlegen, mit den Fichtenzweigen bedecken und 2–3 Tage marinieren lassen.
Das Fleisch dann herausnehmen und gut abtrocknen. Das Fett in einem Bräter erhitzen und das Fleisch rundherum darin anbräunen. Mit der Beize ablöschen und danach 1¹/₂ Stunden im Backofen garen. Das Fleisch dabei laufend mit dem Bratensaft begießen. Anschließend herausnehmen und warm stellen. Die Sauce durch ein Sieb passieren, die Sahne unterrühren und noch einmal kurz aufkochen lassen. Mit Preiselbeeren anrichten und mit Rotkraut und Salzkartoffeln oder Kartoffelpüree servieren.

*D*ie Preiselbeere ist die Frucht eines Heidekrautgewächses, das vorwiegend in Hochmooren, an sonnigen Waldhängen und im lichten Hochwald anzutreffen ist. Sie hat einen herben, säuerlichen Geschmack und ist reich an Vitamin C. Wie die Holunderbeere ist sie in rohem Zustand ungenießbar und entfaltet ihr Aroma erst beim Kochen.

SCHWEINEKARREE MIT BACKPFLAUMEN

1,5 kg Schweinekamm
160 g Backpflaumen
2 Äpfel
Salz
weißer Pfeffer
1 Prise Nelkenpulver
1 Prise Rosmarin
35 g Butterschmalz
250 ml Brühe
125 g saure Sahne

Tipp:
Backpflaumen sollten eine
glänzende schwarze Farbe
haben, prall und relativ
weich, aber nicht klebrig
sein.

In das Fleisch längsseitig eine Tasche schneiden oder gleich vom Metzger vorbereiten lassen. Die Backpflaumen etwa 1 Stunde einweichen, dann entsteinen. Die Äpfel schälen, vom Kerngehäuse befreien und würfeln. Backpflaumen und Äpfel in die Fleischtasche füllen, dabei einige Pflaumen zurückbehalten. Die Tasche zunähen oder zustecken. Das Fleisch mit den Gewürzen einreiben. Das Butterschmalz in einer Kasserolle zerlassen, das Fleisch von allen Seiten anbraten. Die Brühe angießen. Die Kasserolle zudecken und im Backofen bei 180 °C etwa 1 1/4 Stunden garen.
Währenddessen die restlichen Backpflaumen in dem Einweich-

wasser kochen. Den Braten herausnehmen und warm stellen. Den Bratenfond mit dem Pflaumenkochwasser ablöschen, einkochen lassen, mit saurer Sahne verfeinern und abschmecken. Die Sauce mit den restlichen Backpflaumen zu dem Fleisch servieren.

Zur Herstellung von Back- oder Dörrpflaumen eignen sich nur wenige Pflaumensorten. Die besten Erzeugnisse kommen aus Kalifornien und Frankreich. Backpflaumen gelten wegen ihres hohen Vitamin- und Mineralstoffgehalts als sehr gesund und werden nicht nur deshalb gerne einfach so als kleiner Snack verzehrt. Auch in der Küche sind sie eine beliebte Zutat für Kuchen und Süßspeisen oder in Kombination mit Wild oder Schweinefleisch.

SHRIMPS MIT ANANAS UND LITSCHIS

250 g küchenfertige
Shrimps
Öl zum Anbraten
1 Bund Frühlingszwiebeln
200 g Ananas
8 frische Litschis oder
100 g Dosenware
125 ml Weißwein
Salz
Pfeffer

Tipps:

Das Aroma der Ananas macht sich nicht nur frisch in Obstsalaten gut – auch pikant ist sie eine Bereicherung zu Fleisch- und Fischgerichten.
Litschis schält man ganz einfach, indem man die Schale mit dem Fingernagel oder einem Messer einritzt und dann entfernt.

Shrimps in Öl anbraten und beiseite stellen. Die Frühlingszwiebeln putzen und die Ananas in Stücke schneiden. Die Litschis schälen und den Kern entfernen. Ananas, Litschis und Zwiebeln im Shrimpsbratfett andünsten. Den Wein zugeben und das Ganze weitere 5 Minuten dünsten. Mit Salz und Pfeffer abschmecken und die Shrimps nochmals in der Früchte-Zwiebel-Mischung erhitzen. Sehr heiß mit Stangenweißbrot servieren.

Als Shrimps werden bei uns im Handel kleinere Garnelen, meist Tiefseegarnelen, angeboten. Shrimps und andere Krustentiere sind klassische Zutaten der asiatischen Küche und typisch asiatisch ist auch die Kombination mit Frühlingszwiebel und exotischen Früchten, wie in unserem Fall mit Ananas und Litschis.

TRUTHAHNGESCHNETZELTES IN ORANGENSAUCE

250 g Langkornreis
Öl
$1/2$ TL Salz
500 ml Wasser

Für das Fleisch:
500–600 g Truthahnbrust
2 EL Öl
1 TL Edelsüßpaprika
Muskat
Senfpulver
Ingwerpulver

Für die Sauce:
abgeriebene Schale von
1 unbehandelten Orange
1 TL Zucker
Butter
1 Tasse Orangenfilets
125 g süße Sahne
250 ml Bratensauce
Speisestärke
Cayennepfeffer
Salz

Zum Anbraten:
3 EL Butterschmalz

Für den Reis:
1 Zwiebel
150–200 g Lauch
1 TL Instant-Gemüsebrühe
1 EL gehobelte und gerös-
tete Mandeln

Den Reis waschen und im Öl anrösten, dann im Salzwasser kurz aufkochen und auf kleiner Flamme zugedeckt je nach Sorte 25–45 Minuten bissfest garen. Inzwischen das Truthahnfleisch in kleine dünne Schnitzel schneiden. In das Öl Paprikapulver, Pfeffer, Muskat, Senf- und Ingwerpulver einrühren und das Fleisch mit diesem Würzöl marinieren.

Für die Sauce etwas abgeriebene Orangenschale mit Zucker und Butter in einem Topf erhitzen, mit dem Saft der Orangen ablöschen, die Fruchtfilets dazugeben, Sahne und Bratensauce einrühren und aufkochen. Nur so viel Speisestärke nehmen, dass eine leichte Bindung entsteht. Mit Cayennepfeffer und Salz würzen. In einem zweiten Topf das But-

terschmalz erhitzen und das Fleisch darin unter ständigem Rühren anbraten, vom Herd nehmen und 5 Minuten ziehen lassen. Die vorbereitete Sauce unter das Fleisch rühren, nicht mehr kochen lassen, aber warm halten. Die Zwiebel würfeln, dünsten und den in dünne Streifen geschnittenen Lauch dazugeben und mitdünsten. Den Reis in einem Sieb mit klarem Wasser abspülen und zum Lauch geben. Die Brühe eingießen, durchrühren und 20 Minuten zugedeckt gar ziehen lassen.
Den fertigen Reis ringförmig auf einer Platte anrichten, das Truthahnfleisch in die Mitte füllen und mit den gerösteten Mandeln bestreuen.

Truthahnfleisch ist bekömmlich, kalorienarm, eiweißreich und schmackhaft. Die Zubereitung mit Orangen unterstreicht den exotischen Charakter, das dem Truthahn noch immer anhaftet.

WILDSCHWEINSTEAKS MIT HAGEBUTTENSAUCE

*D*ie Hagebutte ist eine Scheinfrucht und entsteht aus den zarten weißen Blüten verschiedener Heckenrosenarten. Die roten Früchte enthalten ein erfrischend schmeckendes Fruchtfleisch, das reich an Vitamin C ist, und haarige Samenkörner, die, da sie bei Berührung mit der Haut einen Juckreiz auslösen, das Entkernen der Früchte zu einer etwas unangenehmen Angelegenheit machen können. Hagebutten werden meist zu Marmelade und Tee verarbeitet. Man kann daraus aber auch Obstwein herstellen. Bei Vitamin-C-Mangel empfiehlt es sich, täglich einen Esslöffel frisches Hagebuttenmus zu sich zu nehmen.

4 Wildschweinsteaks
à 200 g

Für die Marinade:
125 ml Rotwein
2 TL Dijon-Senf
Pfeffer
Öl zum Braten

Für die Sauce:
200 g Hagebuttenmarmelade
125 ml Weißwein
1 EL Zitronensaft
1 Prise Zucker

Tipp:
Bei Wildfleisch empfiehlt es sich, sichtbares Fett, das streng und ranzig schmeckt, sorgfältig zu entfernen.

Den Fettrand der Steaks abschneiden. Die Zutaten für die Marinade miteinander verrühren, über das Fleisch gießen und 2 Stunden kalt stellen. Dann das Fleisch aus der Marinade nehmen und trockentupfen. Die Steaks von beiden Seiten etwa 4 Minuten in etwas Öl braten. Aus der Pfanne nehmen und warm stellen.
Für die Sauce die Hagebuttenmarmelade mit Weißwein und Zitronensaft erhitzen und flüssig werden lassen. Durch ein Sieb streichen und mit Zucker abschmecken. Dazu passen Kartoffelkroketten und ein trockener Rotwein.

WILDSCHWEIN IN PFLAUMEN-SCHOKO-SAUCE

100 g Dörrpflaumen
75 g Sultaninen
600 g Wildschwein-
Koteletts, -Rücken oder
-Keule
75 g durchwachsener
Speck, fein geschnitten
3 EL natives Olivenöl
extra
Salz
50 g bittere Block-
schokolade
2 EL brauner Zucker
125 ml Rotweinessig
3 Lorbeerblätter
1 Msp. gemahlener Zimt

Tipp:
Dazu servieren wir eine
Pasta mit herzhaftem Biss
und kräftigem Hartweizen-
aroma.

Dörrpflaumen und Sultaninen in handwarmem Wasser einweichen. Die Pflaumen entsteinen. Die Koteletts entbeinen und trennen oder andere Fleischstücke in gleich starke Scheiben schneiden. Im Schmortopf den Speck in Olivenöl glasig dünsten, die Koteletts oder Fleischscheiben beidseitig anbraten, dann salzen und weitere 10 Minuten auf kleiner Flamme braten.

Sultaninen und Pflaumen abtropfen lassen. Die Schokolade raspeln. Zucker, Essig und Lorbeerblätter in einem Töpfchen erhitzen, bis der Zucker sich restlos aufgelöst hat. Das Wildschweinfleisch mit der Essigmischung ablöschen, Trockenfrüchte, Schokolade und Zimt dazugeben und gut durchrühren. Nur bis kurz vor den Siedepunkt erhitzen, sonst gerinnt die Schokoladen-Sauce. Das Fleisch gut mit der süß-sauren Sauce bedecken und noch 15 Minuten warm halten, damit die Aromen gut einziehen können.

Auf Sardinien, im Latium, in Umbrien und der Toskana haben sich die Wildschweine außerordentlich stark vermehrt – zum Schaden der Kartoffel- und Getreidefelder, vor allem aber der Rebgärten, an denen die räuberischen Borstentiere die tiefer hängenden reifen Trauben mit Vorliebe abstreifen. Schon deshalb gehört die Saujagd zu den Leidenschaften der Italiener und das Wildbret zu den bevorzugten Gerichten, obwohl es, mit Ausnahme junger Tiere, etwas grobfaserig und zäh ist. Wildschwein legt man deshalb ein bis zwei Tage in eine Rotwein-Marinade mit grob gestoßenen Gewürzen wie schwarzem Pfeffer, Piment, Wacholder, Rosmarin, Thymian und Salbei. Heute werden besonders auch Wildschweinwürste und -salami geschätzt.

FRUCHTIGE DESSERTS, KUCHEN UND SORBETS

Bei den meisten Desserts und Kuchen sind Beeren und Früchte einfach ein Muss. Machen sie Kuchen doch besonders saftig und sorgen als Bestandteil eines Desserts für einen fruchtigen, leichten Kontrast nach einer üppigen Hauptmahlzeit.

250 g Mehl
1 Ei
150 g Butter
25 g Zucker
1 Prise Salz
Butter für die Form
1 kg Äpfel, geschält,
entkernt und in Achtel
geschnitten
50 g Zucker
200 g süße Sahne
200 ml Milch
3 Eier
50 g Zucker
2 Päckchen Vanillezucker
Puderzucker zum
Bestäuben

Das Mehl auf ein Backbrett sieben und in die Mitte eine Mulde drücken. Dann zunächst das Ei und etwa 5 Esslöffel Wasser und anschließend die fein blättrig geschnittene Butter, Zucker und Salz in die Vertiefung geben und alles zu einem glatten Teig verkneten. Den Teig in Frischhaltefolie einschlagen und etwa 30 Minuten im Kühlschrank ruhen lassen. Den Teig danach ausrollen und eine gut mit Butter eingefettete Springform gleichmäßig damit auskleiden. Den Teig am Rand hochziehen und den Boden einige Male mit einer Gabel einstechen. Die Apfelspalten darauf verteilen und mit dem Zucker bestreuen. Den Kuchen dann etwa 25 Minuten in den auf 200 °C vorgeheizten Backofen schieben.

In der Zwischenzeit die Sahne in einer Rührschüssel mit der Milch, den Eiern, Zucker und Vanillezucker leicht cremig schlagen. Die Masse über den heißen Kuchen gießen und den Kuchen anschließend weitere 15 Minuten backen. Den Kuchen danach dick mit Puderzucker bestreuen und nochmals kurz überbacken. Den fertigen Kuchen etwas abkühlen lassen und lauwarm servieren.

Botanisch gesehen gehört der Apfel zur Familie der Rosengewächse, zu der auch alle anderen wichtigen Obstarten wie etwa Birne, Pflaume, Mandel, Pfirsich, Erdbeere und Himbeere zählen. In den Odenwald gelangte der Apfel vor rund 1200 Jahren. Sortennamen wurden erstmals nach dem Dreißigjährigen Krieg genannt. 1831 gründete man in Hessen den Landwirtschaftlichen Verein, der die Förderung der Landwirtschaft und des Obstbaus zum Ziel hatte. Ihm ist die Einführung zahlreicher neuer, ertragreicherer Apfelsorten mit zu verdanken.

APFELSTRUDEL

Für 8 Personen

Für den Teig:
300 g Weizenmehl,
Type 405
2 EL natives Olivenöl
extra
50 g Butter
25 g Puderzucker
Salz

Zum Einlegen des Teigs:
100 ml natives Olivenöl
extra

Für die Füllung:
1 kg Äpfel, am besten
Renetten
Saft und abgeriebene
Schale von 1 unbehandelten Zitrone
50 g Zucker
2 EL Semmelbrösel
40 g geschälte Mandeln, in
Stifte geschnitten und
angeröstet
25 g Pinienkerne
75 g Sultaninen
1 TL gemahlener Zimt
50 g Butter

Butter fürs Blech
Puderzucker zum
Bestäuben

Das Mehl auf ein Backbrett sieben und eine Vertiefung eindrücken. 100 ml lauwarmes Wasser, Öl, Butter, Zucker und Salz hineingeben und die Zutaten fest zu einem elastischen Teig verkneten. Das dauert gut und gerne 20 Minuten. Und je intensiver der Teig geknetet und aufs Teigbrett geschlagen wird, umso dünner lässt er sich anschließend ausziehen. Aus dem Teig einen runden Ball formen, in eine Schüssel legen und mit Olivenöl übergießen. Zugedeckt eine Nacht im Öl ruhen lassen.
Am nächsten Tag den Teigballen mit Küchenpapier trocknen und auf einem bemehlten Tischtuch zuerst auswellen, dann über dem Handrücken so dünn wie möglich ausziehen, ungefähr so groß wie ein Geschirrtuch. Der Teig darf dabei nicht reißen.
Für die Füllung die Äpfel schälen, Kerngehäuse herausschneiden, das Fruchtfleisch in Achtel teilen und diese sehr dünn quer schneiden. Die feinen Apfelscheiben mit Zitronensaft benetzen. In einer Pfanne sehr kurz goldgelb anschwitzen, Zucker darüber streuen und etwas karamelisieren lassen. Pfanne vom Herd ziehen, Semmelbrösel, Zitronenschale, Mandelstifte, Pinienkerne, Sultaninen und gemahlenen Zimt untermischen.
Butter schmelzen und mit einem Teil davon die Teigfläche bestreichen. Darauf gleichmäßig die Apfelfüllung verteilen, nur einen 3–5 cm breiten Randstreifen frei lassen. Den Teig durch Anheben des Tuchs zum Strudel aufrollen und die Enden fest zusammendrücken, so dass beim Backen der Saft nicht herausläuft.
Strudelrolle vorsichtig auf ein gebuttertes Backblech legen, mit der restlichen Butter bepinseln und im vorgeheizten Backofen bei 180 °C 40–45 Minuten backen.
Herausnehmen, mit Puderzucker bestäuben und noch warm anrichten.

Strudelteig richtig zuzubereiten, ist schon ein kleines Kunststück. Aber beherrscht man es erst einmal, dass er dünn, zart und kross wird, sollte man alle Variationen von Füllungen ausschöpfen. Sie müssen nur Acht geben, dass die Füllung nicht zu feucht wird, aber da helfen oft schon ein bis zwei Esslöffel Semmelbrösel.

APFELBRIOCHES
KIRSCHENFLAN

APFELBRIOCHES

4 Äpfel (Sorte, die nicht
verkocht, z.B. Jonathan
oder Glockenäpfel)
120 g süße Sahne
2 EL Calvados
2 EL Zucker
4 Scheiben Brioche
40 g Butter
Butter für die Form
3 EL Apfel- oder Quitten-
gelee

KIRSCHENFLAN

Für eine Form von 28 cm
Durchmesser
500 g schwarze Kirschen
100 g Zucker
350 ml Milch
$^1/_2$ Vanilleschote
3 Eier
Salz
100 g Mehl
1 EL Kirschwasser oder
Rum
Butter für die Form
Puderzucker zum Bestäu-
ben

APFELBRIOCHES

(unten)

Die Äpfel schälen, halbieren und
das Kerngehäuse entfernen. Jede
Hälfte in 6 Schnitze teilen. Die
Sahne, den Calvados und den
Zucker mischen. In ein flaches
Gefäß gießen. Die Briocheschei-
ben hineinlegen und mit der
Mischung gut durchtränken. Die
Butter erhitzen, die Apfelschnitze
hineingeben und unter Wenden
darin knapp weich garen. Sie dür-
fen leicht karamelisieren.

Die getränkten Briochescheiben
in eine gebutterte feuerfeste
Form legen. Mit den gebratenen
Äpfeln belegen. Das Gelee mit
einer Gabel zerdrücken. Auf die
Apfelschnitten geben. Die von
den Briochescheiben nicht aufge-
sogene Sahne über die Äpfel verteilen.

Im vorgeheizten Backofen bei
220 °C etwa 15–20 Minuten
überbacken. Die Äpfel dürfen
Farbe annehmen und sollten
etwas aufgehen. Heiß in der
Form servieren.

*In dieser Süßspeise sind die
besten Zutaten der Normandie
vereint: Äpfel, herrliche Sahne
und Butter sowie Calvados.*

KIRSCHENFLAN

(oben)

Die Kirschen waschen und ent-
stielen. Mit 50 g Zucker bestreu-
en und 1 Stunde ziehen lassen.
Die Milch mit der aufgeschlitzten
Vanilleschote aufkochen und beiseite stellen.

Die Eier, den restlichen Zucker
und Salz zu einer sämigen Creme
schlagen. Das Mehl sieben und
nach und nach darunter mischen.
Die etwas abgekühlte Milch hineinrühren und die Vanilleschote
entfernen. Das Kirschwasser oder
den Rum beifügen und den Teig
1 Stunde ruhen lassen.

Die Form sehr gut ausbuttern.
Die Kirschen hineingeben. Die
Eiercreme darauf gießen, dabei
darauf achten, dass die Kirschen
gleichmäßig verteilt sind. In der
Mitte des vorgeheizten Ofens bei
200 °C 25–30 Minuten backen.
Mit dem Puderzucker bestreuen.
Lauwarm oder kalt servieren.

*Für dieses Dessert aus dem
Limousin werden die Kir-
schen nicht entsteint, weil die
Steine dem Gebäck ihr spezifi-
sches Aroma verleihen. Dadurch
wird das Essen etwas mühsamer
und man sollte auf seine Zähne
aufpassen.*

BANANENSAHNE AUF ARO-MATISIERTEN BROMBEEREN

500 g frische Brombeeren
50 g Zucker
8 cl Crème de Cassis

Für die Bananensahne:
2 reife Bananen
Saft von $^{1}/_{4}$ Zitrone
200 g süße Sahne
1 Päckchen Vanillezucker

Zum Garnieren:
Blätter von Duftgeranien

Die Brombeeren verlesen und waschen. Auf einem Sieb abtropfen lassen. In eine Schüssel geben und mit Zucker bestreuen. Crème de Cassis darüber träufeln und eine Weile durchziehen lassen.

Inzwischen die Bananen schälen, mit einer Gabel zerdrücken und schaumig schlagen. Etwas Zitronensaft zufügen, damit sie nicht braun werden. Sahne mit Vanillezucker steif schlagen. Das Bananenpüree unter die Sahne heben. Die aromatisierten Brombeeren zusammen mit etwas Cassis auf Portionstellern anrichten. Eine duftige Wolke Bananensahne darauf setzen. Mit je einer Bananenscheibe, einer Beere und dem Blatt einer Duftgeranie verzieren. Das hoch aromatische Blatt schmeckt sehr gut dazu.

Für dieses Rezept verwenden wir Crème de Cassis, einen Likör aus schwarzen Johannisbeeren. Seine Heimat ist Burgund, der beste Cassis kommt aus Dijon. Die Beeren dafür werden nur gesüßt und ihr Aroma durch Alkohol ausgezogen. Berühmt wurde die Crème de Cassis durch die Mischung mit Champagner oder trockenem Sekt im Kir Royal. Dass sie sich sehr gut für viele Desserts eignet, zeigen unsere aromatisierten Brombeeren.

BEEREN-QUARK-TERRINE
KIRSCHEN-QUARKSPEISE

BEEREN-QUARK-TERRINE

150 g Butter
120 g Puderzucker
6 Eigelb von ganz frischen
Eiern
Salz
20 g Vanillezucker
1 EL abgeriebene Zitro-
nenschale
2 cl Cointreau
500 g Magerquark
250 g süße Sahne
6 Blatt Gelatine
200 g Beerenobst (Him-
beeren, Erdbeeren, Brom-
beeren)

Tipp:
Der Cointreau kann auch
durch 3–4 Tropfen Oran-
gen-Backessenz ersetzt
werden.

KIRSCHEN-QUARKSPEISE

500 g Sahnequark
3 EL brauner Zucker
125 ml Milch
1 Glas (720 ml) entsteinte
Sauerkirschen
125 g Pumpernickel
3 cl Kirschwasser
100 g geriebene Halbbit-
ter-Schokolade
Vanillesauce oder süße
Sahne nach Belieben

BEEREN-QUARK-TERRINE

(unten)
Die möglichst weiche Butter mit
dem Puderzucker und den Eigelben schaumig rühren. 1 Prise
Salz, den Vanillezucker, die Zitronenschale, den Cointreau und
den durch ein feines Sieb gestri-
chenen Quark unterrühren. Die
Sahne steif schlagen und unterheben. Die Gelatine einweichen,
ausdrücken, bei schwacher Hitze
vorsichtig auflösen und dann mit
der Masse verrühren. In eine
Schale füllen und erkalten lassen.
Die erkaltete Terrine auf eine
Platte stürzen und in Scheiben
schneiden. Nach Belieben mit
Beeren garnieren und mit einer
Vanillesauce oder süßer Sahne
servieren.

*D*ie Likördestillerie der Fami-
lie Cointreau im französi-
schen Angers besteht bereits seit
1827. Am Anfang stellte man
Fruchtliköre aus verschiedenen
heimischen Früchten her. Erst
Edouard Cointreau, der das
Unternehmen im Jahr 1875 über-
nahm, entwickelte den klaren,
herben Likör auf der Basis der
Bitterorange, der inzwischen zu
den Klassikern unter den Likören
zählt.

KIRSCHEN-QUARKSPEISE

(oben)
Den Quark abtropfen lassen,
durch ein feines Sieb streichen
und mit 2 Esslöffeln braunem
Zucker und der Milch glatt rühren. Die Sauerkirschen abtropfen
lassen. Den Pumpernickel in
einer Schüssel zerbröseln, mit
dem restlichen Zucker bestreuen
und mit dem Kirschwasser beträufeln. Die Schokolade dazugeben und alles gut vermengen.
Nun abwechselnd eine Schicht
Pumpernickel, eine Lage Quark
und zum Schluss die Kirschen in
eine Glasschüssel füllen. Die
Quarkspeise etwa 2 Stunden in
den Kühlschrank stellen und
anschließend mit Vanillesauce
oder leicht gesüßter Schlagsahne
servieren.

*D*iese feine und sehr beliebte
Quarkspeise ist in der west-
fälischen Küche in zahlreichen
Variationen anzutreffen. In der
Gegend um Soest etwa verwen-
det man dafür anstelle der Sauer-
kirschen grundsätzlich die etwas
herberen Preiselbeeren.

CASSATA

Für den Mandel-Biskuitteig:

8 Eier
200 g Zucker
100 g Mehl
100 g geschälte, fein gemahlene Mandeln
abgeriebene Schale von ½ unbehandelten Limette

Für die Füllung:

500 g Ricotta oder Quark
100 g Schlagsahne
je 1 gehäufter EL Zitronat, Orangeat, kandierte Kirschen, Ananas und Aprikosen
2 cl Limetten- oder Orangenlikör
100 g Zucker
1 EL Bitterschokolade in kleinen Stücken
1 Msp. gemahlene Gewürznelken

Für den Sahneüberzug:

1 Vanilleschote
1 EL Zucker
100 g Schlagsahne

Variante:

Statt Limetten- oder Orangenlikör können – je nach Gusto – auch Maraschino oder Amaretto verwendet werden.

Für den Teig die Eier trennen. Eiweiße mit dem Zucker aufschlagen, Eigelbe, gesiebtes Mehl, fein gemahlene Mandeln und Limettenschale darunter mischen und den Teig sofort knapp 1 cm dick auf ein mit Backpapier ausgelegtes Backblech streichen. Im vorgeheizten Backofen bei 190 °C etwa 7 Minuten backen.

Für die Füllung Ricotta abtropfen lassen und durch ein Haarsieb streichen. Die Sahne aufschlagen und mit der Ricotta mischen. Die kandierten Früchte, wenn nötig, würfeln, mit dem Limetten- oder Orangenlikör übergießen und 30 Minuten ziehen lassen. Zucker, Schokoladestückchen, kandierte Früchte und gemahlene Gewürznelken unter die Ricotta-Sahne-Mischung geben.

Das Mandelbiskuit in Sektoren schneiden und damit eine halbrunde Schüssel oder Eisbombenform auslegen. Ricottamasse einfüllen, glatt streichen und mit einer Mandelbiskuitplatte bedecken. Für etwa 2 Stunden in den Kühlschrank stellen und dann auf eine Platte stürzen.

Für den Sahneüberzug die Vanilleschote der Länge nach aufschlitzen, das Mark herausschaben und gut mit dem Zucker vermengen. Schlagsahne mit dem vanillierten Zucker süßen und steif aufschlagen. Die Cassata damit überziehen.

Arabische Lebensart, zahlreiche wissenschaftliche, astronomische und medizinische Erkenntnisse und eine Fülle von Rezepten gelangten während der Kreuzzüge nach Sizilien. Die Klöster hielten diese orientalischen Traditionen lebendig. So wurde auch die berühmteste Süßspeise Siziliens eigentlich als raffinierte Ricotta-Zubereitung in Arabien erfunden und nicht als Eis-Torte in Sizilien. Das ist heute noch an den Gewürzen und den vielen kandierten Früchten zu erkennen. Die klassische Zubereitung erfolgt mit normalem Biskuitteig, den es im Lebensmittelhandel als fertigen Tortenboden zu kaufen gibt. Wenn keine Zeit zum Backen bleibt, ist das eine gute und wenig aufwändige Möglichkeit. Mandelbiskuit, wie in unserem Rezept beschrieben, ist etwas fester im Biss und feiner im Geschmack.

ERDBEERTORTE MIT CAMPARI

Für 8 Stücke

180 g Mandeln
3 Eier
80 g Zucker
250 g Mehl
1 TL Mehl
Butter für das Blech
Backpulver
abgeriebene Schale von
1 unbehandelten Zitrone
125 g süße Sahne
1 Päckchen Vanillezucker
500 g Erdbeeren
1 Päckchen roter Torten-
guss
2 EL Zucker
2 cl Campari
2 EL grob gehackte
Pistazien

Die Mandeln für einige Sekunden in wenig Wasser kochen, abschütten und aus der dunklen Haut drücken. Die geschälten Mandeln trocknen und fein mahlen. Eine Obstkuchenform (Durchmesser etwa 28 cm) gut mit weicher Butter einfetten und mit etwas gemahlenen Mandeln ausstreuen. Die Form anschließend kühl stellen.
Die Eier trennen. Die Eigelbe mit dem Zucker sehr schaumig rühren, die restlichen gemahlenen Mandeln, das Mehl und das Backpulver sowie die Zitronenschale hinzufügen und alle Zutaten vermengen.

Die Eiweiße steif schlagen. Zunächst die Hälfte mit der Mandelmasse verrühren. Dann das restliche Eiweiß unterheben und die Masse in die Form gießen. Auf der mittleren Schiene des auf 180 °C vorgeheizten Backofens 30 Minuten goldgelb backen. 10 Minuten in der Form abkühlen lassen, dann auf eine Tortenplatte stürzen und auskühlen lassen.
Die Sahne mit dem Vanillezucker steif schlagen. Die Erdbeeren, putzen, waschen und gut abtropfen lassen. Den Tortenboden mit der Sahne bestreichen und mit den Erdbeeren belegen. Den Tortenguss mit Wasser, Zucker und Campari zubereiten und auf den Erdbeeren verteilen. Den Tortenrand ebenfalls mit etwas Tortenguss bestreichen und mit den Pistazien bestreuen.

*D*ie Erdbeeren enthalten Vitamin C sowie die Mineralstoffe Kalium und Eisen. Menschen, die die Fruchtsäure der Erdbeeren nicht vertragen, sollten diese Früchte zusammen mit Getreide und Honig verzehren. Am besten schmecken Erdbeeren aber frisch geerntet mit etwas Zucker und ein wenig Schlagsahne.

EXOTISCHER OBSTSALAT

2 EL ungeschwefelte
Sultaninen
1 cl Rum
1 Kiwi
1 Karambole
1 Babyananas
1 Banane
1 Orange
1 Mango
3 Eiweiß
100 g Himbeeren
100 g Heidelbeeren
250 g Erdbeeren
100 g süße Sahne
1 TL Honig
4 Paranüsse
Kakaopulver zum
Bestäuben

Tipp:

*Paranüsse lassen sich
leichter aus der Schale
lösen, wenn man sie vor-
her einige Minuten dämpft
oder sie einfriert und vor
dem Knacken leicht antau-
en lässt.*

Die Sultaninen mit dem Rum
beträufeln und beiseite stellen.
Die Kiwi schälen, in Scheiben
schneiden, dann halbieren. Die
dunklen Kanten der Karambole
wegschneiden, die Frucht
waschen und in Scheiben schneiden. Die Ananas, die Banane und
die Orange schälen und in nicht
zu kleine Stücke teilen. Die
Mango schälen und in Spalten
vom Stein schneiden. Die Himbeeren, Heidelbeeren und Erdbeeren verlesen, putzen, waschen und gut abtropfen lassen.
Vier schöne Erdbeeren halbieren,
den Rest pürieren.
Alle Früchte dekorativ auf vier
Desserttellern anrichten und mit
den eingeweichten Sultaninen
bestreuen. Die Sahne steif schlagen und mit dem Honig und dem
Erdbeerpüree mischen. Die Erd-
beersahne über die Früchte sprit-
zen. Die Paranüsse knacken, die
Nusskerne fein hobeln und mit
etwas Kakaopulver über den Salat
streuen.

*W*enn wir heute Früchte der
*ganzen Welt genießen kön-
nen, dann verdanken wir das den
modernen Transportmitteln und
der ausgeklügelten Kühltechnik.
Zu den beliebtesten exotischen
Früchten gehören bei uns Bananen, Zitrusfrüchte, Melonen, Feigen, Avocados und Kiwis.*

WALDBEEREN MIT VANILLESCHAUM

300 g Waldbeeren
2 cl Maraschinolikör
2 EL Honig
1 Msp. Vanillearoma
1 Glas Sekt
1 Päckchen Vanillezucker
4 Eigelb
Saft von $1/2$ Zitrone
2 Portionen Eiscreme
3 EL gehackte Nüsse

BEERENQUARK

250 g frische Beeren
Saft von 1 Orange
3 EL Honig
3 EL gehackte Mandeln
3 EL gehackte Haselnüsse
125 g Speisequark
100 g süße Sahne
1 Päckchen Vanillezucker
1 TL Zitronenschale
Apfeldicksaft
Zitronensaft
2 EL Sonnenblumenkerne
2 EL Kürbiskerne

WALDBEEREN MIT VANILLE-SCHAUM

(oben)

Die Waldbeeren nach Wahl verlesen, waschen, gut abtropfen lassen und in eine Schüssel geben. Mit Maraschino und Honig beträufeln und mit Vanillearoma aromatisieren. Den Sekt mit dem Vanillezucker, den Eigelben und dem Zitronensaft in eine feuerfeste Schüssel geben und mit dem Schneebesen verschlagen. Je nach Geschmack mit Honig süßen und das Ganze im Wasserbad oder auf dem Herd zu einem Schaum aufschlagen. Die Beeren mit der Eiscreme dekorativ auf Tellern anrichten. Mit dem Schaum überziehen. Mit gehackten Nüssen bestreuen, ausgarnieren und servieren.

*D*er Maraschino, wie der Cointreau ein Klassiker unter den Likören, ist ein Kirschlikör, der ursprünglich aus Dalmatien stammt. Seinen Namen verdankt er der Kirsche, aus der man ihn herstellt: der Maraskakirsche, einer Sauerkirschart.

BEERENQUARK

(unten)

Die Beeren verlesen, waschen, gut abtropfen lassen. Je nach Bedarf klein schneiden und in eine Schüssel geben. Den Orangensaft mit dem Honig in einen Topf geben und leicht erwärmen. So lange rühren, bis sich der Honig aufgelöst hat. Den Orangen-Honig mit den Mandeln und den Haselnüssen zu den Beeren geben. Das Ganze im Kühlschrank 10 Minuten ziehen lassen. In der Zwischenzeit den Quark mit der Sahne, dem Vanillezucker und der Zitronenschale glatt rühren. Mit Apfeldicksaft und Zitronensaft abschmecken. Die Beeren mit dem Quark vermischen und dekorativ anrichten. Die Sonnenblumen- und die Kürbiskerne in einer trockenen Pfanne rösten. Über den Beerenquark streuen, ausgarnieren und servieren.

*K*ürbiskerne sind reich an Mineralstoffen und Vitamin B. Sie eignen sich hervorragend für Salate, Aufläufe, Nudel- und Gemüsegerichte, aber auch für Süßspeisen – und einfach so zum Knabbern.

Für 20 Stücke

200 g ungeschwefelte
Sultaninen
4 cl Rum
100 g kandierte Ananas
100 g getrocknete Feigen
100 g Datteln
100 g getrocknete
Kirschen oder 1 Glas rote
Cocktailkirschen
100 g Zitronat
100 g Orangeat
50 g kandierter Ingwer
100 g Haselnusskerne
100 g Walnusskerne
100 g ganze geschälte
Mandeln
2 Eier
100 g Rohrzucker
2 EL Rübensirup
100 g schwarzes Johannis-
beergelee
75 g weiche Butter
1 EL Lebkuchengewürz
½ TL gemahlener Zimt
250 g Weizenvollkorn-
mehl
2 Msp. Pottasche

Die Sultaninen in einer großen Schüssel mit dem Rum beträufeln. Die Ananas, die Feigen und die entkernten Datteln etwas klein schneiden. Die getrockneten Kirschen mit etwas warmen Wasser beträufeln, Cocktailkirschen abgießen. Die Kirschen mit Ananas, Feigen, Datteln, Zitronat, Orangeat und dem klein gewürfelten Ingwer über die Sultaninen streuen. Die ganzen Nusskerne und Mandeln dazugeben.
Den Backofen nun auf 180 °C vorheizen. Die Eier mit dem Rohrzucker und dem Rübensirup schaumig rühren. Das Gelee sowie die weiche Butter einarbeiten. Mit dem Lebkuchengewürz und dem Zimt mischen. Zum Schluss das Mehl mit der Pottasche dazugeben und alle Zutaten vermengen. Die Früchte mit dem Teig mischen.
Eine Kastenform (Länge etwa 30 Zentimeter) mit eingefetteter Alufolie auskleiden oder ein Backblech mit Backpapier auslegen. Den Teig entweder in die

Form drücken oder zu einem runden Laib formen. Die Teigoberfläche mit Wasser glatt streichen und den Kuchen auf der zweiten Schiene von unten 1 ½ Stunden backen. Den abgekühlten Kuchen in Alufolie wickeln und vor dem ersten Anschnitt mindestens 3 Tage ruhen lassen.

Besonders saftig wird Ihr Früchtekuchen, wenn Sie den Teig noch mit geriebenen oder pürierten Früchten, zum Beispiel etwas Apfelmus, oder mit ein wenig Cognac, Rum oder einem anderen alkoholischen Getränk anreichern.
Weil sich Trockenfrüchte beim Backen gerne am Boden der Form absetzen, sollten Sie sie am besten in etwas Mehl wälzen. So bleibt der Teig an ihnen haften. Ist Ihr Früchtekuchen schon ein wenig ausgetrocknet, lässt er sich wieder „aufpeppen", wenn Sie die Scheiben in etwas Butter anrösten.

FRÜCHTE IM HEMD

Für den Teig:
150 g Weizenvollkorn-
mehl
125 ml Milch
2 Eigelb
1 Päckchen Vanillepulver
Zimt
2 Eiweiß
1 Msp. Salz

Zum Ausbacken:
Butterschmalz
Pflanzenfett oder -öl
1 Apfel
2 Ananasringe
Kirschen mit Stiel
Mehl

Zum Garnieren:
250 ml Himbeer- oder
Johannisbeersauce
süße Sahne
Puderzucker

Tipp:
*Das Backfett sollte stets
frisch und möglichst
geschmacksneutral sein.*

Das Mehl mit der Milch glatt-
rühren. Eigelbe, Vanillezucker
und Zimt einrühren. Eiweiße mit
dem Salz zu einem steifen Schnee
schlagen. Den Eischnee unter
den Teig heben. Das Fett in
einem Topf auf etwa 160 °C erhitzen.
Den Apfel schälen, vom Kerngehäuse befreien und in 5 Scheiben schneiden. Die Ananasringe
halbieren. Alle Fruchtstücke erst
ins Mehl und dann in den Back-
teig tauchen. Die Früchte in das
erhitzte Fett geben und backen,
bis sie sich goldgelb färben.
Die gebackenen Früchte aus dem
Fettbad nehmen und auf Küchenpapier abtropfen lassen.

Die Fruchtsauce auf vier Teller
verteilen, einige Tropfen Sahne
darauf träufeln und mit einem
Holzspieß Konturen ziehen. Die
gebackenen Früchte dazulegen
und mit Puderzucker bestreuen.

*I*n Teig ausgebackene Früchte
*sind ein ganz besonderer
Genuss, denn sie verbinden einige Gegensätze: üppig und doch
leicht, sättigend und doch appetitanregend. Im Prinzip ist jede
Frucht zum Ausbacken geeignet,
man kann eine Art verwenden
oder – wie hier – verschiedene
Früchte mischen.*

GEFÜLLTE MELONE

den Kern entfernen und die Früchte halbieren. Zusammen mit den Melonenkugeln in die Melone geben. Mit der Sherry-Likör-Mischung begießen und die Melone mindestens 1 Stunde in den Kühlschrank stellen. Kalt servieren.

*D*ie Wassermelone zählt wie die Zuckermelone zur gleichen Familie wie Gurke und Kürbis. Wassermelonen können bis 15 kg schwer werden. Ihr Fleisch wirkt als perfekter Durstlöscher, besteht es doch zu 95% aus Wasser. Zusammen mit Litschis und gut gekühlt ergeben Melonen ein erfrischendes Dessert.

1 Wassermelone
$\frac{1}{2}$ Zitrone
125 ml trockener Sherry
100 g Zucker
2 cl Curaçao
8 frische Litschis oder
100 g Dosenware

Tipp:
Natürlich können Sie auch die Melonenfüllung nach Belieben variieren.

Den oberen Teil der Wassermelone abschneiden und den Rand zickzackförmig einschneiden. Mit einem Kugelausstecher oder einem Teelöffel Kugeln aus dem Fruchtfleisch ausstechen, die Kerne entfernen.
Die Zitrone auspressen. Den Sherry erhitzen und den Zucker darin auflösen, mit Zitronensaft und Curaçao abschmecken.
Die Litschis abtropfen lassen, wenn Dosenware verwendet wird. Frische Litschis schälen,

GENÜSSE IN ROT UND GELB

ROTE GRÜTZE

400 g rote Johannisbeeren
500 g Himbeeren
375 ml Johannisbeersaft
100 g Zucker
80 g Speisestärke
250 g süße Sahne
2 TL Vanillezucker

ROTE GRÜTZE MIT SAGO

1 Liter Himbeer- und
Johannisbeersaft
90 g Sago
$1/2$ Zitrone
500 g süße Sahne
Zucker nach Geschmack

ERRÖTENDE JUNGFRAU

12 Blatt rote Gelatine
1 Liter Buttermilch
60 g Zucker
2 EL Vanillezucker
1 TL Zitronensaft
125 g süße Sahne

VANILLESAUCE

20 g Speisestärke
500 ml Milch
$1/2$ Vanilleschote
40 g Zucker
Salz
1 Eigelb

ROTE GRÜTZE

(ganz unten)
Die Beeren waschen und 125 g
Früchte zur Seite legen. Den Rest
mit $1/2$ Liter schwarzem Johannisbeersaft und Zucker aufkochen.
Den restlichen Johannisbeersaft
mit der Speisestärke verrühren.
Nach 3 Minuten Kochzeit den
Fruchtbrei durch ein Sieb streichen und zurück in den Topf
geben. Die angerührte Speisestärke hineinrühren, kurz aufkochen
lassen und vom Herd nehmen.
Ein wenig abkühlen lassen, die
restlichen frischen Beeren hineingeben und in eine Glasschüssel füllen. Mit leicht geschlagener
Sahne, die mit Vanillezucker
abgeschmeckt wird, servieren.

ROTE GRÜTZE MIT SAGO

(oben rechts)
Den Saft mit dem Zucker in
einen Topf geben. Den Sago
unter Rühren hineinrieseln und
20 Minuten bei mäßiger Temperatur ausquellen lassen. Mit Zitronensaft abschmecken. In eine
kalt ausgespülte Form geben und
mit flüssiger oder halbsteif geschlagener Sahne servieren.

ERRÖTENDE JUNGFRAU

(ganz oben links)
Die Gelatine in kaltem Wasser
einweichen. Die Buttermilch in
einer Schüssel mit Zucker und
Vanillezucker aufschlagen. Nach
Belieben den Zitronensaft zufügen. Die Gelatine ausdrücken,
auflösen und hineinrühren. In
Glaskelche oder Schalen füllen
und fest werden lassen. Die
Sahne steif schlagen und die Spei-
se vor dem Servieren damit garnieren oder eine Vanillesauce
dazu servieren.

VANILLESAUCE

(Mitte links)
Die Speisestärke mit 8 Esslöffeln
kalter Milch verrühren. Die Va-
nillestange längs aufschlitzen,
das Mark herausschaben und
samt Schote in die Milch geben.
Zucker und wenig Salz zufügen
und erhitzen. Die Schote herausnehmen, die angerührte Speisestärke hineinrühren, kurz aufkochen lassen und vom Herd nehmen. Etwas davon in das Eigelb
rühren, dann zurück in den Topf
geben, nicht mehr aufkochen.
Die Sauce in eine Terrine füllen
und heiß servieren.

250 g frische oder tiefgefrorene Heidelbeeren
500 g Sahnekefir
150 g Puderzucker
1 Eiweiß
Eiswaffeln

Tipp:

*Kefir können Sie auch sel-
ber machen. Da Kefirkultu-
ren nur schwer erhältlich
sind, ist es am einfachs-
ten, frische Vollmilch mit
etwas fertigem Kefir zu
versetzen. Teilentrahmte
oder Magermilch sind
ebenso geeignet. Den
Kefir in die 20–22 °C
warme Milch rühren und
das Ganze 1–2 Tage zuge-
deckt bei Zimmertempera-
tur gären lassen.*

Die Heidelbeeren im Mixer mit
einer Tasse Kefir fein pürieren.
Zucker und restlichen Kefir zufügen und gut durchmixen.
Das Eiweiß steif schlagen und
unterheben. Die Sorbetmasse im
Eisbereiter bis zur cremigen Konsistenz kühlen. Wer keinen Eisbereiter hat, füllt die Masse in
eine flache Form und stellt sie ins
Gefrierfach. Bis zur gewünschten
Festigkeit jede halbe Stunde mit
einer Gabel durchrühren.
Das Sorbet mit dem Spritzbeutel
in schlanke, hohe Gläser füllen.
Mit Eiswaffeln krönen.

*Kefir, der säuerlich-prickelnde
Tatarentrank enthält schon
von Natur aus eine Spur Alkohol.
Heute gibt es Kefir in jedem
Kühlregal mit Milchfrischproduk-
ten. Er ist durch seine herb-feine
Frische eine treffliche Grundlage
für viele Getränke, Sorbets und
Parfaits.*

JOGURTMOUSSE MIT WALDFRÜCHTEN

4 Blatt rote Gelatine
4 Blatt weiße Gelatine
300 g fettarmer Jogurt
4 EL Zitronensaft
2 Eigelb
50 g Zucker
125 g süße Sahne
1 EL ungesalzene, gehackte Pistazien
1 EL gemahlener Mohn
200 g Walderdbeeren
200 g Waldhimbeeren
200 g Brombeeren
200 g Blaubeeren
4 EL Honig
Zitronenmelisse zum Garnieren

Tipp:

Jogurt können Sie auch ganz einfach selbst herstellen. Dazu 1 Liter frische Milch 30 Minuten konstant auf 85 ˚C erhitzen. Die Milch dann auf 45 ˚C abkühlen lassen. 2–5 Esslöffel frischen Naturjogurt zugeben. Die Milch in eine Schüssel umgießen und ca. 7 Stunden bei 42–45 ˚C ruhen lassen.

Die rote und weiße Gelatine getrennt 10 Minuten in kaltem Wasser einweichen. Den Jogurt in einer Schüssel mit dem Zitronensaft verrühren. Die Eigelbe mit dem Zucker sehr schaumig schlagen, mit dem Jogurt verrühren und die Masse halbieren. Die Gelatine gut ausdrücken und getrennt bei milder Hitze verflüssigen. Die rote Gelatine mit einer Hälfte und die weiße Gelatine mit der anderen Hälfte des Jogurts vermengen. Die Sahne steif schlagen und jeweils die Hälfte mit der rosafarbenen und der weißen Creme mischen. Die Pistazien unter die weiße Masse rühren, den Mohn unter die andere. Beide Zubereitungen für etwa 6 Stunden kalt stellen.

Die Früchte verlesen, putzen, waschen und gut abtropfen lassen. Knapp die Hälfte der Früchte mit 2 Esslöffeln Honig pürieren, die ganzen Früchte einrühren und auf vier Dessertteller verteilen. Mit einem Esslöffel von beiden Moussesorten kleine Klößchen abstechen und auf die Fruchtzubereitung setzen. Vorsichtig mit etwas Honig beträufeln und mit Melisseblättchen garnieren.

*U*ngewöhnlich, aber ausgesprochen köstlich ist diese Kombination von säuerlichem Jogurt, süßen Waldbeeren und dem haselnussartigen Geschmack des Mohns.

OMELETT MIT KIWI-EIS UND EXOTISCHEN FRÜCHTEN

Für 4 Personen

500 g Früchte, z.B. Kiwi,
Mango, Pitahaya, Papaya
2 EL Puderzucker
40 ml Rum
125 g süße Sahne
8 Kugeln Kiwi-Eis

Für die Omeletts:
4 Eier
125 g Zucker
abgeriebene Schale von
$1/2$ unbehandelten Zitrone
100 g Weizenmehl
40 g Weizenpuder

Tipp:
*Um die Omeletts unbe-
schädigt vom Blech zu
bekommen, stürzt man sie
auf ein gezuckertes
Küchentuch, zieht das
Backpapier ab und klappt
die Omeletts mithilfe des
Tuchs vorsichtig zusam-
men.*

Die Früchte vorbereiten und in einer Schüssel mit Puderzucker und Rum 1 Stunde ziehen lassen. Die Omeletts wie unten beschrieben zubereiten.
Die Sahne steif schlagen. Das Eis auf vorgekühlte Teller portionieren und mit den gefalteten Omeletts, dem Fruchtsalat und der Schlagsahne anrichten.

Biskuit-Omeletts
Den Backofen auf 200 °C vorheizen. Ein Backblech mit Backpapier auslegen und darauf Kreise von etwa 15 cm Durchmesser zeichnen. Die Eier mit Zucker und Zitronenschale im heißen Wasserbad aufschlagen. Weizenmehl und -puder auf die Eier sie-

ben und vorsichtig unterheben. Den Teig gleichmäßig auf die vorgezeichneten Kreise streichen und im Backofen 10 Minuten backen.

*D*ie Pitahaya oder Drachenfrucht ist die Frucht einer bizarr aussehenden Kakteenart mit langen, dreikantigen Trieben und Zweigen. Zum Essen halbiert man die Pitahaya einfach der Länge nach und löffelt das Fruchtfleisch aus. Beheimatet ist die Drachenfrucht in den tropischen und subtropischen Gegenden Südamerikas, in Vietnam und Israel.

ORANGENCREME

Für den Karamell:

150 g Zucker
1 TL Zitronensaft
20 g Butter zum Ausstreichen

Für die Creme:

3 Eier
2 Eigelb
70 g Zucker
1 unbehandelte Orange
500 ml Milch
1 Vanilleschote
2 große, kernlose Orangen

Tipp:

Wer das typisch spanische Dessert besonders üppig liebt, serviert dazu einen Sherry Oloroso.

Für den Karamell vier Soufflé-förmchen oder feuerfeste Porzellantassen mit Butter einfetten und bereithalten. In einer kleinen Stielkasserolle Zucker, vier Esslöffel Wasser und Zitronensaft unter Rühren erhitzen, bis der Zucker geschmolzen ist und sich hellbraun färbt. Den Karamell sofort auf die Förmchen verteilen.

Den Backofen auf 150 °C vorheizen. Eier, Eigelbe und Zucker mit dem Mixer zu einer Creme verarbeiten. Die Orange abspülen, die Schale fein abreiben und unterrühren. Die Milch mit dem aus-gekratzten Vanillemark und der Schote aufkochen. Die Schote herausnehmen und die heiße Milch unter die Eiermasse rühren. Diese gleichmäßig auf die Förmchen verteilen.

Die Bratenpfanne des Backofens zu zwei Drittel mit kochend heißem Wasser füllen und die Förmchen vorsichtig hineinstellen. Das Bratblech in den Backofen schieben und die Creme in etwa 50 Minuten fest werden lassen. Die Förmchen aus dem Blech nehmen, abkühlen lassen und die Creme mindestens 1 Stunde vor dem Servieren in den Kühlschrank stellen.

Die Orangen mit einem scharfen Messer wie Äpfel schälen und die Fruchtsegmente zwischen den Häutchen vorsichtig in Spalten herausschneiden. Die Flans entlang des Förmchenrandes mit einem spitzen Messer lösen und auf Dessertteller stürzen, mit den Orangenspalten garnieren und servieren.

PFLAUMENKALTSCHALE
BEERENKALTSCHALE

PFLAUMENKALTSCHALE

500 g Pflaumen
60 ml Rotwein
60 ml Wasser
1 EL Zucker
2 Nelken
$^1/_2$ Zimtstange
2 cl Orangenlikör
abgeriebene Schale von je
$^1/_2$ unbehandelten Zitrone
und Orange
je 2 unbehandelte Zitro-
nen- und Orangenscheiben
200 g Frischkäse
$^1/_2$ TL Zucker
200 g süße Sahne
4 Karambolescheiben
zum Garnieren

BEERENKALTSCHALE

800 g gemischte Beeren
(Himbeeren, Johannisbee-
ren, Brombeeren, Heidel-
beeren)
125 ml trockener Rotwein
3 EL Zucker

Für die Schneeklößchen:

4 Eiweiß
Salz
2 EL Zucker

PFLAUMENKALTSCHALE

(unten)
Die Früchte waschen und entsteinen. Zusammen mit Wein, Wasser, Zucker, Nelken, Zimtstange,
Zitronen- und Orangenscheiben
und -schalen zum Kochen bringen. Etwa 20 Minuten köcheln
lassen.
Die Gewürze herausnehmen, die
Suppe pürieren und mit der Hälfte des Orangenlikörs aromatisieren. Anschließend in den Kühlschrank stellen. Unterdessen den
Frischkäse mit dem restlichen
Orangenlikör, Zucker und Sahne
glatt rühren.
Die Kaltschale in tiefe Teller füllen und einen Klecks Frischkäse
hineintropfen lassen. Den Frisch-
käsetupfer mit einem Löffelstiel
strahlenförmig auseinander ziehen. Mit einer Scheibe der stern-
förmigen Karambole garnieren.

*P*flaumen enthalten viel Kalium sowie etwas Vitamin C.
Insbesondere saure Sorten sind
für ihre abführende und Blut rei-
nigende Wirkung bekannt.

BEERENKALTSCHALE

(oben)
Das Beerenobst verlesen, Stiele
und Rispen entfernen. Den Wein
mit Zucker mischen und zum
Kochen bringen. Die Hitze reduzieren und das Obst 5 Minuten
sanft köcheln lassen. Falls die
Früchte nicht genügend Saft ziehen, einige Esslöffel Wasser zufügen.
Die Fruchtsuppe in eine Schüssel
umfüllen, abkühlen und schließlich im Kühlschrank völlig erkalten lassen. In der Zwischenzeit
die Eiweiße mit einer Prise Salz
halbfest schlagen. Den Zucker
einrieseln lassen und alles zu
festem Schnee schlagen.
In einem breiten, flachen Topf
2 Liter Wasser erhitzen. Mit zwei
Teelöffeln kleine Schneeklößchen
abstechen und in das gerade eben
siedende, jedoch keinesfalls
kochende Wasser gleiten lassen.
Nach 2 Minuten wenden und
nach weiterer 2 Minuten den
Topf vom Herd nehmen. Die
Schneeklößchen auf die Beeren-
kaltschale setzen und gleich servieren.

PANNA COTTA MIT BALSAMICO-ERDBEEREN

Für die Panna cotta:
300 g Schlagsahne
50 g Zucker
1 Vanilleschote
6 Blatt weiße Gelatine
1 Msp. Zimt
1 EL Rum
4 Minze- oder Zitronen-
melisseblättchen zum
Garnieren

Für die Erdbeeren:
500 g Erdbeeren
50 g Puderzucker
1 TL abgeriebene Schale
von 1 unbehandelten
Orange
2 EL Orangensaft
50 ml Aceto balsamico

Die Sahne in einer Kasserolle mit Zucker und der längst halbierten Vanilleschote zum Kochen bringen. Die Hitze reduzieren und das Ganze mindestens 15 Minuten köcheln lassen. Die Vanilleschote herausnehmen, ausschaben und das Mark wieder in die Sahne geben.

Die Gelatineblätter in kaltem Wasser einweichen, ausdrücken und bis auf einen kleinen Rest in der heißen Sahne auflösen. Die Panna cotta mit Zimt und Rum aromatisieren und gut durchmischen. Die restliche Gelatine in wenig Wasser auflösen.

Die Minzeblättchen mit je 2 Tropfen Gelatine auf den Boden der Förmchen kleben, die Panna cotta einfüllen und kühl stellen. Nach 2–3 Stunden ist das Sahne-Dessert fest und kann nach kurzem Eintauchen der Form in heißes Wasser auf einen Teller gestürzt werden. Die Erdbeeren waschen und halbieren oder vierteln. Mit Puderzucker bestäuben und die Orangenschale dazugeben. Orangensaft und Aceto balsamico darüber gießen und vorsichtig durchmischen. Die Erdbeeren um die Panna cotta anrichten und servieren.

Aceto balsamico ist viel sanfter und süßer als Weinessig und wird tropfenweise als Würzaroma und manchmal sogar als Medizin verwendet.

FRÜCHTESORBETS

ZITRONENSORBET

6 unbehandelte Zitronen
180 g Zucker
500 ml Wasser
2 Eiweiß
45 g Zucker
Zitronenfilets zum
Garnieren

BROMBEERSORBET

500 g Brombeeren
150 g Puderzucker
50 g süße Sahne
50 ml roter Wermut
Eierlikör

JOHANNISBEERSORBET

500 g Johannisbeeren
150 g Puderzucker
500 ml Orangensaft
30 ml Cassis
3 EL süße Sahne

ZITRONENSORBET

(Mitte)
Die Schalen von 2 Zitronen auf
einer feinen Reibe abreiben. Alle
Zitronen auspressen und den Saft
durch ein Sieb passieren.
Zwei Drittel des Zuckers mit dem
Wasser zum Kochen bringen und
5 Minuten köcheln lassen, den
Schaum abschöpfen. Zitronenschale und Saft zugeben, nochmals kurz erhitzen, durch ein
Sieb passieren und erkalten lassen. Die Flüssigkeit in der Eismaschine cremig gefrieren.
Inzwischen die Eiweiße mit dem
restlichen Zucker zu Schnee
schlagen und zu der cremig
gewordenen Masse in die Eismaschine geben. Das Sorbet in Gläsern servieren und mit Zitronenfilets garnieren.

BROMBEERSORBET

(links)
Einige Brombeeren zum Dekorie-
ren zurückbehalten, die übrigen
mit Puderzucker im Mixer pürieren und bei laufender Maschine
Sahne und Wermut zugeben. In
der Eismaschine gefrieren lassen,
in Gläsern portionieren und mit
Beeren und Eierlikör servieren.

JOHANNISBEERSORBET

(rechts)
Einige Johannisbeeren zum Deko-
rieren zurückbehalten, die übrigen mit dem Puderzucker kurz
anmixen und dann zusammen
mit Orangensaft, Cassis und
Sahne zu einer Masse weitermi-
xen. In der Eismaschine gefrieren
lassen, in Gläsern anrichten und
mit Beeren garnieren.

*Ein Sorbet sollte einen mög-
lichst intensiven Geschmack
haben. Besonders gut eignen sich
dafür deshalb säuerliche Früchte.
Wer es etwas ausgefallener mag,
sollte einmal ein Kräutersorbet
mit Lavendel, Rosmarin oder Thymian ausprobieren.*

GETRÄNKE MIT UND OHNE ALKOHOL

*Früchte machen jeden Drink, ob mit oder ohne Alkohol, zu einem erfrischenden
Genuss. Alkoholfreie Fruchtsäfte und Milchmixgetränke sind überdies ausgesprochen
nahrhafte und gesunde Durstlöscher. Und wer kann an einem lauen Sommerabend
einem fruchtigen, eisgekühlten Cocktail oder einer leichten, erfrischenden Bowle
widerstehen?*

AIR JERUK

Man muss einmal versuchen, in sehr heißen Ländern heiße Fruchtsäfte zu trinken und man wird sie in Zukunft allen anderen Erfrischungsgetränken vorziehen. Sie „nehmen der Hitze den Stachel und der Sonne die Glut, sie nehmen der Schwüle die Last und der Luft die Atemlosigkeit", heißt es in einem indonesischen Gesundheitsbüchlein. Und weiter: „Das Aroma von Muskatblüten und der Wohlgeruch vom Holz der Aloe senken die Liebe in die Herzen der Dürstenden." Mangels Muskatblüten und Aloeholz ist der Liebestrank zwar etwas unvollständig, er schmeckt jedoch ganz ausgezeichnet.

2–3 große Orangen
3 TL Zucker
1/4 Stange Zimt
3 Gewürznelken

Zum Garnieren:
etwas geriebene
Muskatnuss

Die Orangen auspressen, den Saft mit Zucker, Zimt und Gewürznelken kurz aufkochen und 10 Minuten ziehen lassen. Den Saft in ein feuerfestes Glas abseihen, mit geriebener Muskatnuss bestreuen und servieren.

Tipp:
Dieses heiße Orangengetränk aus Indonesien schmeckt zu jeder Tageszeit.

BUTTERMILCH, KEFIR & DICKMILCH MIT FRÜCHTEN

DICKMILCH MIT ORANGE

Für 2 Gläser à ¼ Liter

2 Orangen
2 EL Sanddornsaft
1 EL Honig
1 TL Haselnussmus
200 ml Dickmilch
4 Kumquats

Tipp:

In Reformhäusern finden Sie gesüßte und ungesüßte Sanddornsäfte für Milch- und Quarkspeisen.

PFIRSICH MIT BUTTER-MILCH

Für 2 Gläser à ¼ Liter

2 große reife Pfirsiche
2 EL Zitronensaft
1 EL Cashewkernmus
300 ml Buttermilch
2 Doppelkirschen

HIMBEER-KEFIR

Für 2 Gläser à ¼ Liter

250 g Himbeeren
2 EL Zitronensaft
1 TL Mandelmus
1 EL Honig
300 ml Kefir
1 Kiwi

DICKMILCH MIT ORANGE

(unten)
Die Orangen auspressen, mit dem Sanddornsaft, dem Honig, dem Haselnussmus sowie der Dickmilch schaumig aufmixen und das Ganze in zwei Gläser füllen. Die Kumquats waschen, auf Spießchen stecken und den Drink damit garnieren

*D*ie orangeroten Beeren des Sanddornstrauchs enthalten außergewöhnlich viel Vitamin C, denn 100 Gramm liefern den sechsfachen Tagesbedarf.

PFIRSICH MIT BUTTERMILCH

(oben)
Die Pfirsiche häuten, halbieren und den Stein entfernen. Die Früchte mit dem Zitronensaft, dem Cashewkernmus sowie der Buttermilch schaumig aufmixen, in zwei Gläser füllen und mit den gewaschenen Kirschen garnieren.

*I*n China, wo sich der Pfirsich seit frühester Zeit großer Beliebtheit erfreute, ranken sich zahlreiche Legenden um die pelzige Frucht. Einer dieser Legenden zufolge soll sie sogar unsterblich machen.

HIMBEER-KEFIR

(Mitte)
Die Himbeeren verlesen und mit dem Zitronensaft, dem Mandelmus, dem Honig sowie dem Kefir schaumig aufmixen und in zwei Gläser gießen. Die Kiwi schälen und längs vierteln. Die Viertel auf Spießchen stecken und den Drink damit garnieren.

*D*er Kefir stammt aus dem Kaukasus und ist vor allem in Osteuropa, Russland und dem Nahen Osten ein beliebtes Getränk. Kefir hat einen pikanten, etwas bitteren Geschmack und einen Alkoholgehalt von 1 bis 2 Prozent.

HORCHATA DE MELON

Eiswürfel
200 g geschälte, ent-
kernte Melone
1 TL Zucker
1 TL Zitronensaft
125 ml Wasser

Tipp:

*Das erfrischende Melonen-
getränk aus Venezuela
kann man zu jeder Tages-
zeit genießen.*

Das Fruchtfleisch der Melone im
Mixer pürieren, mit Zucker und
Zitronensaft abschmecken und
mit etwa $1/8$ Liter Wasser (je nach
Melonenart und Saftmenge) ver-
dünnen. Kalt stellen, Eiswürfel
einlegen und in einem schönen
Becherglas oder einer großen
Cocktailschale servieren.

*W*ill man sich nur rasch
*einen Erfrischungsdrink
zubereiten, sollte man dazu eine
große Scheibe Wassermelone
nehmen. Will man jedoch Gäste
damit verwöhnen, so sollte man
mit Farben zaubern: mit dem
orangefarbenen Fruchtfleisch der
Ananasmelone, mit dem gelben
der Kantalupe, mit dem grünen
Fruchtfleisch der Honigmelone
und mit dem roten der Wassermelone. Je ein bis zwei Gläser
von jeder Sorte machen den
Tisch einer Gartenparty zum
absoluten Blickfang.*

MILCH-MIXGETRÄNKE MIT FRÜCHTEN

Für 1 Person

BANANENMILCH
1/2 Banane
Zitronensaft
1/2 TL Honig
250 ml Milch
1 Kugel Bananeneis

ERDBEER-BUTTERMILCH
100 g pürierte Erdbeeren
1 EL Zucker
250 ml Buttermilch

SUMMERTIME
100 g frische Johannis-
beeren
2 cl Cassis
250 ml Milch oder Dick-
milch

Tipp:
*Die fruchtig-frischen
Milchshakes schmecken
besonders gut an heißen
Sommernachmittagen.*

BANANENMILCH
(Mitte)
Das Fruchtfleisch zerdrücken, mit
Zitronensaft beträufeln und mit
Honig süßen. Die Milch in ein
hohes, dekoratives Glas füllen,
Bananenmus zugeben und gut
umrühren. Obendrauf die Kugel
Bananeneis setzen.

ERDBEER-BUTTERMILCH
(rechts)
Erdbeeren im Mixer pürieren,
mit Zucker süßen und gut mit der
Buttermilch verrühren. Mit
einem Sahnetupfer verzieren.

SUMMERTIME
(links)
Die Johannisbeeren waschen
und von den Rispen streifen.
Den Cassis darüber gießen und
kühl stellen. Milch oder Dickmilch in ein hohes Glas füllen,
die Johannisbeeren zugeben,
umrühren und servieren.

*Hier sind Ihrer Fantasie keine
Grenzen gesetzt. Ob Sie
nun statt Milch Buttermilch
bevorzugen, statt frischen Früchten Fruchteis verwenden oder ob
Sie die Getränke mit Likör,
Eigelb oder sonstigen Ingredien-
zien abrunden – erlaubt ist, was
schmeckt und erfrischt.*

ORANGENDRINK
ORANGEN-COCKTAIL

ORANGENDRINK
Für 2 Personen
Saft von 2 Orangen
6 cl Apfelsaft
6 cl Mineralwasser- oder
Sodawasser
1 unbehandelte Orangen-
scheibe

ORANGEN-COCKTAIL
Für 2 Personen
Eiswürfel
3 cl Orangensaft
2 cl Zitronensaft
2 cl Grapefruitsaft
Zucker
Paprikapulver
abgeriebene Schale von
1 unbehandelten Orange

ORANGENDRINK
(rechts)
Die Orangen auspressen, den
Saft in einen Tumbler gießen, mit
kaltem Apfelsaft und Mineralwasser auffüllen und mit der Oran-
genscheibe garnieren.

Tipp:
Der alkoholfreie Orangendrink
eignet sich hervorragend für eine
sommerliche Kinderparty.

*Für dieses Rezept sollten Sie eine möglichst saftige Oran-
gensorte verwenden. Das Aus-
pressen der Früchte bereitet –
sollten Sie nicht über eine elek-
trische Zitruspresse verfügen –
zwar ein bisschen Mühe und
sorgt für klebrige Finger, doch
der frische Genuss ist kaum zu
übertreffen.*

ORANGEN-COCKTAIL
Die Fruchtsäfte – wenn möglich
frisch gepresst – in einem Rühr-
glas vermischen. Nach Ge-
schmack mit Zucker oder Honig
und mit einem Hauch Paprikapulver würzen. Einige Eiswürfel
hinzufügen, alles im Mixbecher
kräftig schütteln, durch das Bar-
sieb in Cocktailgläser gießen, mit
der Orangenschale bestreuen und
servieren.

Tipp:
*Der pikant abgeschmeckte Oran-
gen-Cocktail ist etwas für laue
Sommerabende.*

*Ein Hauch Paprika verleiht diesem ungewöhnlichen
Cocktail aus Puerto Rico den
besonderen Pfiff. Überraschen
Sie Ihre Gäste, etwa bei einer
Gartenparty, doch einmal mit
dieser überraschenden Kreation.
Sie werden damit gewiss für Auf-
sehen sorgen!*

PFIRSICHBOWLE MIT HIMBEEREN

750 g Pfirsiche
250 g Himbeeren
3 Flaschen Rosé- oder
Weißwein
1 Flasche Sekt

Die Pfirsiche mit kochendem Wasser übergießen, dann in kaltes Wasser tauchen. Die Schale abziehen, den Kern entfernen und die Früchte in Spalten schneiden. Die Himbeeren verlesen, vorsichtig waschen und abtropfen lassen. Mit dem Wein auffüllen und 30 Minuten zugedeckt kühl stellen. Vor dem Servieren mit dem gekühlten Sekt auffüllen.

Um das Aroma der Bowle nicht zu verderben, sollte sie keinesfalls mit Mineralwasser aufgegossen werden. Auch sollte man Bowle nicht mit Sekt oder Wein „verlängern"; wenn sie zur Neige geht, lieber den Abend mit Wein oder Sekt beschließen. Sekt besteht meist aus einer Mischung verschiedener Weinsorten, die vom Kellermeister so zusammengestellt werden, dass sich der typische Geschmack einer Marke von Jahr zu Jahr nicht verändert. Bei Jahrgangs- oder Lagensekt müssen die Grundweine zu 75 Prozent aus einem einzigen Jahrgang bzw. einer auf dem Etikett angegebenen Lage stammen. Riesling-Sekt besteht z.B. zu 75 Prozent aus Riesling als Grundwein.

Tipp:
Die fruchtig-frische Pfirsichbowle aus Italien eignet sich hervorragend für sommerliche Gartenpartys.

RUMTOPF

Für einen Steinkrug oder Glastopf von 8 Litern Inhalt:

500 g Erdbeeren

2 kg Zucker

250 g Stachelbeeren

250 g Kirschen

250 g Himbeeren

250 g Johannisbeeren

250 g Blaubeeren

500 g Aprikosen

500 g Pfirsiche

500 g späte Pflaumen

500 g Birnen

250 g Ananas

2,8 Liter 54% Rum

Tipps:

Rumtopf passt zu Nachspeisen wie Vanillecremes, Eis, Flammeri aus Gries oder Reis und zu Pfannkuchen oder anderen Mehlspeisen.

Da sich im Rumtopf die Früchte des ganzen Jahres ein Stelldichein geben, sollte man immer eine größere Menge herstellen.

Die Früchte sorgfältig waschen, auf Tüchern ausbreiten und putzen, enthäuten, entsteinen, von ungenießbaren Teilen befreien und in mundgerechte Stücke schneiden.

Den Steinkrug oder Glastopf gründlich reinigen und mit kochendem Essigwasser auffüllen, ausgießen und austrocknen lassen.

Mit den Erdbeeren beginnen und diese mit 250 g Zucker im Gefäß vermischen. Wenn sich der Zucker aufgelöst hat, mit 1 Liter Rum aufgießen. Den Topf verschließen, kühl und dunkel stellen.

Im Laufe des Sommers nach und nach auffüllen: Immer 250 g Früchte mit je 125 g Zucker und 200 ml Rum, 500 g Früchte mit 250 g Zucker und 400 ml Rum auffüllen. Die Früchte, falls sie oben schwimmen, mit einem Teller bedecken. Den Rumtopf zum ersten Mal umrühren, wenn die letzten Früchte beigefügt worden sind. So können innerhalb einiger Monate alle Sorten Früchte eines Sommers zusammenkommen. Etwa 10 kg Früchte bei 2 Litern Flüssigkeit werden allgemein als Obergrenze angesehen. Vor dem ersten Genuss mindestens 4 Wochen ruhen lassen.

*D*ies ist wohl eine der reizvollsten Möglichkeiten, den Sommer in den Winter herüberzuretten: süß, fruchtig und feurig. Nichts für Ungeduldige, denn Sie müssen etwas Zeit aufwenden, nur makelose Früchte auswählen, richtig vorbereiten, nachfüllen, die Güte des Rumtopfes dabei überwachen. Doch schwierig ist das alles nicht, und der Lohn für die zwar über Wochen und Monate verteilte, aber überschaubare Arbeit besteht dann in ordentlich mit Alkohol getränkten Früchten, die pur oder ausgezeichnet zu verschiedenen Eissorten schmecken. Vergessen Sie jedoch bitte nicht, dass es sich um Hochprozentiges handelt, in jedem Fall weit alkoholhaltiger als beispielsweise Früchte in Bowlen. Wer in Maßen genießt, hat auch länger etwas davon.

SANGRIA

1 kg Pfirsiche
8 cl Cointreau
4 cl Gin
4 cl Noilly Prat
2 unbehandelte Orangen
1 unbehandelte Zitrone
3 säuerliche Äpfel
etwas Zitronensaft
2 Liter Rotwein
2 Flaschen Sekt

TIPP:

Für Sangria sollte am besten ein nicht zu schwerer spanischer Rotwein, z.B. Rioja, verwendet werden. Damit man auch den „festen" Inhalt der Bowle so richtig genießen kann, schneidet man die Früchte in kleine mundgerechte Stücke, die man gut auf die kleine Bowlengabel spießen kann – deshalb auch keine zu weichen, überreifen Pfirsiche nehmen.

Die Pfirsiche überbrühen, häuten, entsteinen und in Würfel schneiden. Mit Cointreau, Gin und Noilly Prat begießen. Etwa 2 Stunden kühl stellen. Orangen und Zitrone schälen und in Scheiben schneiden. Die Äpfel schälen, die Kerngehäuse entfernen und das Fruchtfleisch klein schneiden. Mit Zitronensaft beträufeln, damit es nicht braun wird. Alle Früchte zu den Pfirsichen geben, den Wein zugießen und wieder kühl stellen. Vor dem Servieren mit Sekt auffüllen.

*D*er Noilly Prat kommt aus Südfrankreich und ist der zur Zeit wohl beste Vermouthwein. Wermut war ursprünglich ein mit Wermutkraut angesetzter Wein, der vermutlich erstmals in Norditalien, in der Nähe von Turin, hergestellt wurde, von wo noch heute die meisten Vermouths kommen. Der Vermouth, dem man inzwischen neben dem Wermutkraut auch noch weitere Aromen zusetzt, wird als Weinaperitif getrunken oder zum Mixen von Cocktails verwendet.

TEEBOWLE MIT SOMMERFRÜCHTEN

Wie kaum ein anderes Getränk kann eine gelungene Bowle zugleich erfrischen und anregen, geselligkeitsfördernd wirken und beschwingen, ohne einen schweren Kopf im Gefolge zu haben. Letzteres allerdings nur dann, wenn die Bowle nicht nur mit Liebe, sondern auch mit Sachverstand und Erfahrung zusammengestellt wurde. Als Bowlenwein verwendet man eine gute Mittelqualität – keinen Spitzenwein, aber auch keinen so genannten „Bowlenwein" in der Literflasche.

Dieses sommerliche Bowlenrezept aus England lässt sich beliebig abwandeln. Verwenden Sie beispielsweise andere als die angegebenen Früchte, verstärken Sie den Alkoholgehalt mit Gin, Calvados oder Obstler. Rotwein und Sekt dürfen in diesem Fall nicht zu trocken sein, damit das Getränk nicht zu herb schmeckt. Notfalls können Sie mit etwas Zucker regulieren.

125 g frische Erdbeeren
125 g Pfirsiche
2–3 EL Zucker
1 Liter gekühlter, starker schwarzer Tee
1 Flasche Rotwein
1 Flasche Sekt

Die Erdbeeren von Stielen und Blättern befreien und halbieren, die Pfirsiche überbrühen, schälen, entsteinen und in dünne Scheiben schneiden. Die Früchte in ein Bowlengefäß geben und mit dem Zucker bestreuen. Mit eiskaltem Tee, Rotwein und Sekt aufgießen.

Tipp:
Die belebende Teebowle schmeckt zu jeder Tageszeit.

TROPICAL TEECOCKTAIL
JOHANNISBEERTEE

TROPICAL TEECOCKTAIL

500 ml eiskalter Tee
2 cl Rum
2 cl Gin
250 g in dünne Scheiben
geschnittene Früchte (frische Feigen, Kiwis, Papa-
yas oder Mangos)
1 Flasche Sekt
Zucker nach Bedarf

Tipp:

Verwenden Sie einen halb-
trockenen Sekt, dann
ersparen Sie sich die
zusätzliche Zuckerzugabe.

JOHANNISBEERTEE

500 ml roter Johannis-
beersaft
1 Liter Wasser
6 TL schwarzer Tee
Zucker nach Bedarf
1 Zitrone

Tipp:

Sie können mit dieser Idee
experimentieren und sie
zur Abwechslung mit
einem anderen Fruchtsaft
ausprobieren.

TROPICAL TEECOCKTAIL
(rechts)

Einen starken Tee zubereiten
und kalt stellen, dann mit Rum
und Gin mischen. Die Früchte-
scheiben auf 4 Stielschalen verteilen, die Mischung aufgießen
und mit kaltem Sekt auffüllen.

Ein paar Grundregeln noch,
die auf alle kalten Getränke
anzuwenden sind: Probieren sie
getrost eine Mischung aus, aber
hüten Sie sich dabei vor allzu
buntem Durcheinander. Zu viel
Zucker ist ebenfalls gefährlich,
weil die Getränke dadurch ihre
durstlöschenden Eigenschaften
einbüßen. Und schließlich sei
noch daran erinnert, dass alle
Getränke dieser Art stark gekühlt
serviert werden sollten – aber
bitte ohne Eiswürfel im Glas, die
nur bei wenigen Rezepten vorge-
schrieben sind, etwa beim origi-
nalen Eistee.

JOHANNISBEERTEE
(Bild auf Seite 13)

Den Johannisbeersaft in den Eis-
würfelbehälter des Kühlschranks
geben und zu Würfeln gefrieren
lassen. Wasser zum Kochen bringen, den Tee damit aufbrühen,
süßen und abgießen. Abkühlen
lassen. In jedes Glas 2–3 Johan-
nisbeerwürfel geben, mit kaltem
Tee auffüllen. Je 1 Zitronenschei-
be auf die Glasränder stecken,
Zitronenspiralen oder Johannis-
beer-Trauben einhängen.

Ein trickreiches Rezept für
eine Eistee-Abwandlung, her-
vorragend geeignet für einen war-
men Sommerabend. Clou der
Sache ist der säuerliche, vitamin-
reiche Johannisbeersaft, den man
im Kühlschrank zu Eiswürfeln
gefrieren lässt.

ZITRUSBOWLE

Eiswürfel
4 unbehandelte Orangen
1 Liter Orangensaft
2 Zitronen
5 EL Zucker
2 Flaschen Mineralwasser

Zum Garnieren:
Zitronenscheiben
Zucker

Tipp:
*Die erfrischende Zitrus-
bowle aus Spanien
schmeckt zu jeder Tages-
zeit und eignet sich auch
für Kinderfeste.*

Die Orangen waschen, abtrocknen und in Scheiben schneiden.
Orangen mit dem Orangensaft
und dem Saft der Zitronen in ein
Bowlengefäß geben. Den Zucker
darüber streuen. Die Bowle an
einen kühlen Ort stellen, bis sich
der Zucker aufgelöst hat. Mit
dem eisgekühlten Mineralwasser
auffüllen und eventuell Eiswürfel
zugeben. Vor dem Servieren den
Rand der Gläser befeuchten und
in Zucker drehen. Die Gläser mit
Zitronenscheiben verzieren.

*Zitronen wurden schon früh
als Würzmittel verwendet.
Und dass sie ausgesprochen
reich an Vitamin C sind, weiß
heute jedes Kind. Beim Einkauf
sollten Sie darauf achten, möglichst frische Früchte zu erhalten.
Was den Saftgehalt anbelangt, so
gilt als Faustregel, dass relativ
schwere Früchte auch mehr Saft
ergeben.*

Marmeladen, Gelees & Co.

Marmeladen und Gelees aus heimischen oder exotischen Früchten und Beeren dürfen als fruchtiger Tagesauftakt schon seit jeher auf keinem Frühstückstisch fehlen. Sehr beliebt als Beigabe zu deftigen Speisen sind aber auch in Essig eingelegte Früchte und süß-saure Chutneys. Verleihen sie den Gerichten doch vielfach erst ihre ganz besondere Note.

APRIKOSENMARMELADE QUITTENGELEE

APRIKOSENMARMELADE

2 kg Aprikosen
2 kg Gelierzucker
etwas abgeriebene Zitronenschale

Tipp:

Verwenden Sie einen möglichst breiten Topf. Wenn die Früchte und der Zucker darin sind, sollte er trotzdem nur zur Hälfte gefüllt sein.

QUITTENGELEE

2,5 kg Quitten
1 Liter Weißwein
etwa 2 kg Gelierzucker

Tipp:

Aus dem Rest, der beim Durchpressen der Quitten zurückbleibt, können Sie Mus kochen.

APRIKOSENMARMELADE

(Abbildung)
Die Aprikosen kurz in kochendes Wasser legen, danach in eiskaltem Wasser abschrecken, die Haut abziehen. Das Fruchtfleisch vom Stein lösen. Ein Drittel davon pürieren, den Rest in feine Spalten schneiden.
Alles in einen ausreichend großen Topf geben, Zucker und Zitronenschale hinzufügen. Unter Rühren zum Kochen bringen und etwa 4 Minuten kräftig kochen lassen.
Die Marmelade in vorbereitete Gläser füllen und sofort gut verschließen: mit Einmachhaut, Schraubdeckeln oder einwandfreien Einmachgummis zwischen Deckel und Unterteil, je nachdem, welche Art Gläser Sie verwenden.

Wer Aprikosen pur genießen will, kann schon beim Einkauf wählen, ob die Früchte eher säuerlich oder eher vollreif sein sollen. Kochen wir sie ein, dann ist es ein Vorteil, eine Sorte zu verwenden, deren Steine sich leicht lösen lassen.

QUITTENGELEE

(Abbildung auf Seite 9)
Die Quitten waschen und mit einem Tuch gründlich abreiben. Blütenreste und Stengel abschneiden. Dann die Früchte mit Kernen in Spalten schneiden.
Die Quittenspalten in 1 Liter Wasser und dem Wein etwa 40 Minuten weich kochen, sie sollten zuletzt gerade noch mit Flüssigkeit bedeckt sein.
Die abgekühlten Quitten durch ein Tuch pressen und den Saft auffangen. Seine Menge abmessen, mit Gelierzucker im Verhältnis 1:1 in einen Topf geben und etwa 15–20 Minuten kochen lassen, bis die Masse zu gelieren beginnt.
Das fertige Gelee heiß in vorbereitete Gläser füllen und mit Einmachhaut oder Schraubdeckel verschließen.

Zwar leuchten uns reife Quitten am Baum goldgelb entgegen und scheinen uns zum Reinbeißen verlocken zu wollen. Doch gleich, ob Birnen- oder Apfelquitten – roh sind sie nicht zu genießen.

PORTWEINFEIGEN

500 g frische blaue Feigen
1 große oder 2 kleine
unbehandelte Orangen
2 Zimtstangen
6 Nelken
4 Wacholderbeeren
250 g brauner Kandis-
zucker
700 ml roter Portwein

Tipp:

*Die Portweinfeigen
schmecken zu Cremedes-
serts oder Eis und natür-
lich auch pur.*

MELONE IN CALVADOS

1 reife Zuckermelone von
etwa 1 kg
1 Vanilleschote
2 EL Zucker
375 ml Calvados

Tipp:

*Die Früchte schmecken
nach 10 bis 12 Tagen und
müssen dann innerhalb
von etwa 6 Wochen ver-
braucht werden.*

PORTWEINFEIGEN

(oben)
Die Feigen vorsichtig waschen, trockentupfen und halbieren. In ein sorgfältig gespültes Glas von 1,5 Liter Inhalt geben. Die Orange heiß abwaschen, trockentupfen, dünn abschälen, so dass die weiße Haut an der Frucht bleibt. Die Schale mit den Zimtstangen, den Nelken, den Wacholderbeeren und dem Kandiszucker zu den Feigen geben.
Mit dem Portwein auffüllen, das Glas verschließen und kühl stellen. Mindestens 1 Woche ziehen lassen, bis sich der Kandiszucker aufgelöst hat.

Der Portwein, auch kurz Port genannt, hat seinen Namen von der an der Douro-Mündung gelegenen Stadt Porto, der zweitgrößten Stadt Portugals. Portwein kann je nach Typ rot oder weiß, ein schwerer, süßer Dessertwein oder aber ein trockener oder halbtrockener, kräftiger oder leichter Wein sein. Früher galt er vor allem in England als das Getränk der Upper Class, an dem man gerne in den vornehmen Londoner Clubs nippte.

MELONE IN CALVADOS

(unten)
Das Fruchtfleisch in gleich große Stücke schneiden oder mit einem Ausstecher etwa murmelgroße Kugeln herausstechen. Die Kugeln im Zucker rundum wälzen. In ein Glas von 1 Liter Inhalt legen und die aufgeschlitzte Vanilleschote mit hineingeben. Mit Calvados auffüllen.

Als Philipp II. seine berühmte Armada 1588 gegen England in See stechen ließ, zerschellte eines der Schiffe, die El Calvador, an der Küste der Normandie. Erhalten blieb jedoch ihr Name, den die Franzosen Ende des 18. Jahrhunderts jener Provinz mit den saftigen Wiesen und den vielen Apfelbäumen verliehen, wo sie ihren berühmten Cidre erzeugen, aus dem der Calvados oder Calva, wie man ihn in Frankreich kurz nennt, gebrannt wird.

PORTWEIN-
FEIGEN

MELONE
IN
CALVADOS

BIRNEN IN ESSIG
SÜSS-SAURE KIRSCHEN

BIRNEN IN ESSIG

1 kg reife Birnen
(nicht zu weich)
375 ml Rotweinessig
375 ml Rotwein
100 g Zucker
1 Zimtstange
4 Gewürznelken
$^1/_2$ TL Ingwerpulver

Tipp:
Wichtig ist, dass Sie absolut saubere Gläser verwenden, am besten mit Deckel verschließbare oder Einmachgläser. Dann halten die Essigbirnen etwa 4 bis 6 Monate.

SÜSS-SAURE KIRSCHEN

1 kg Süßkirschen
500 ml Weinessig
500 g Zucker
1 Stück Zimtrinde
4 Gewürznelken

BIRNEN IN ESSIG

(Abbildung)
Die Birnen schälen und Stiele und Kerngehäuse entfernen. Je nach Größe halbieren oder vierteln. Für den Sud Essig, Wein, Zucker und Gewürze 10 Minuten kochen lassen. Der Zucker muss sich vollständig auflösen.
Dann die Birnen einlegen und alles noch einmal 10 Minuten ziehen lassen. Die Birnen herausnehmen und in ein Glas füllen. Den Sud erneut aufkochen und kochend heiß über die Birnen gießen. Das Glas gut verschließen.

*E*ssig wurde ursprünglich nur zur Konservierung benutzt und entwickelte sich erst im Laufe der Zeit zu einem weit verbreiteten Würzmittel. Großer Beliebtheit erfreut sich nach wie vor in Essig einlegtes Gemüse, die so genannten Mixed Pickles, für die sich die verschiedensten Gemüsesorten eignen. Eher ungewöhnlich, aber nicht minder schmackhaft ist diese Kombination aus süßen Birnen und kräftigem Rotweinessig.

SÜSS-SAURE KIRSCHEN

Die Kirschen waschen und entsteinen. Dann in eine Schüssel legen und den Essig darüber gießen. Zugedeckt 24 Stunden ziehen lassen.
Die Kirschen mit dem Essig, dem Zucker und den Gewürzen zum Kochen bringen und 10 Minuten garen. Die Früchte herausnehmen und in einen Steintopf füllen. Die Flüssigkeit noch 5 Minuten köcheln lassen und dann über die Kirschen gießen.
Ein Blatt Pergamentpapier in handelsüblichen Alkohol oder einen beliebigen klaren Schnaps tauchen und obenauf legen. Den Steintopf zubinden und kühl stellen. Mindestens 1 Woche ruhen lassen.

*S*üßsaure Kirschen eignen sich in dieser Zubereitung als überraschende Beilage zu Fleisch- und Wildgerichten. Wer will, kann sie aber auch pur als Kompott genießen.

MANGO-CHUTNEY

3 Mangos
125 g Rosinen
2 Knoblauchzehen
15 g frischer Ingwer
1 Pfefferschote
1 EL Paprikapulver
1 EL Cayennepfeffer
500 ml Essig
500 g Gelierzucker

PFIRSICH-CHUTNEY

1 kg saftige Pfirsiche
2 Zwiebeln, 1 EL Butter
250 g brauner Zucker
200 ml Sherryessig
1 EL Currypulver
1 EL Ingwerpulver
Salz, frisch gemahlener
weißer Pfeffer
50 g Rosinen

APRIKOSEN-CHUTNEY

1,5 kg Aprikosen
750 g Zwiebeln
2 EL Salz
1 TL schwarzer Pfeffer
10 zerstoßene Senfkörner
750 g Zucker
30 g frischer Ingwer
1 EL abgeriebene unbe-
handelte Orangenschale
6 EL Orangensaft
500 ml Weinessig

MANGO-CHUTNEY

(Abbildung)
Die harte Haut der Mangos abziehen. Das Fruchtfleisch vom Kern
lösen und klein schneiden. Die
Rosinen mit kochendem Wasser
überbrühen und 10 Minuten
quellen, danach abtropfen lassen.
Knoblauch schälen und fein
hacken. Den Ingwer zerdrücken.
Knoblauch, Ingwer, Pfefferschote,
Paprikapulver und Cayennepfeffer in eine Schüssel geben, 4
Esslöffel Essig hinzufügen und
zugedeckt 10 Minuten ziehen lassen.
Mangowürfel, restlichen Essig
und Gelierzucker zu den Gewürzen geben und alles bei schwacher Hitze etwa 40 Minuten
kochen lassen, dabei laufend
umrühren. Zum Schluß die Rosinen hinzufügen. Das Chutney im
Kühlschrank aufbewahren. Es
bleibt etwa 4 Wochen frisch.

PFIRSICH-CHUTNEY

Die Pfirsiche kreuzweise einschneiden und in kochendes
Wasser legen. Sobald sich die
Haut löst, die Pfirsiche mit kaltem Wasser abschrecken und
häuten. Das Fruchtfleisch klein
würfeln. Die Zwiebeln schälen
und hacken. Die Butter heiß
schäumend erhitzen und die
Zwiebeln darin glasig dünsten.
Pfirsichwürfel und Zucker einrühren. Nach einigen Minuten
den Sherryessig angießen. Bei
schwacher Hitze etwa 20 Minuten köcheln lassen. Mit den Gewürzen pikant abschmecken und
zuletzt die Rosinen unterheben.

APRIKOSEN-CHUTNEY

Die Aprikosen waschen, halbieren und entsteinen. Die Zwiebeln
schälen und in feine Scheiben
schneiden. Aprikosen und Zwiebeln in einen Topf geben, die
übrigen Zutaten hinzufügen, zum
Kochen bringen und 1 Stunde
köcheln lassen. In vorbereitete
Gläser füllen, gut verschließen.
Das Chutney bleibt höchstens 4
Wochen frisch.

*Chutneys, die pikanten, in der
Regel kalt, aber gelegentlich
auch heiß oder lauwarm servier-
ten Saucen, stammen aus Ostin-
dien.*

FEIN UND FRUCHTIG

APFELGELEE MIT CIDRE UND CALVADOS

Für 6 Gläser à 250 ml:

2 kg säuerliche unreife Äpfel
1 Flasche Cidre
1 Stück unbehandelte Zitronenschale
Gelierzucker nach Saftgewicht 1:1
1 Glas Calvados

HAGEBUTTEN-MARMELADE

Für 2,5 kg Marmelade:

1,5 kg Hagebutten
750 g grüne Äpfel
200 ml Wasser
100 ml Rotwein
1,2 kg Zucker

Tipp:

Beim Arbeiten mit den Hagebutten dünne Plastikhandschuhe tragen, weil die feinen Härchen einen schrecklichen Juckreiz hervorrufen.

APFELGELEE MIT CIDRE UND CALVADOS

(rechts)

Die Äpfel vierteln. Mit Cidre bedecken und mit der Zitronenschale 20 Minuten weich kochen. Über Nacht durch ein Mulltuch abtropfen lassen.
Den gewonnenen Saft wiegen. Mit gleicher Menge Zucker verrühren. Unter Rühren aufkochen, bis der Zucker sich gelöst hat. 4 Minuten sprudelnd kochen lassen. Gelierprobe machen. 1 Glas Calvados zugeben. Heiß in Gläser füllen und sofort mit Einmachhaut oder Gummideckeln verschließen.

Der Cidre ist wie der Calvados, der aus ihm gebrannt wird, eine Spezialität aus der Normandie, die nicht zuletzt für ihre ausgedehnten Obstbaum- und hier vor allem Apfelkulturen bekannt ist. Der Cidre wird wie der Apfelwein durch Vergären von Apfelsaft gewonnen.

HAGEBUTTENMARMELADE

(links)

Die Hagebutten waschen, putzen und aufschneiden und die Kerne vorsichtig entfernen. Die Hagebutten grob zerschneiden, die Äpfel grob raffeln. Hagebutten, Äpfel, Wasser, Rotwein und Zucker etwa 30 Minuten kochen. Durch ein feines Sieb streichen. Nochmals aufkochen, heiß in vorgewärmte Gläser füllen und verschließen.

Um sich das mühsame und unangenehme Entkernen der Hagebutten zu ersparen, können Sie die Früchte, die möglichst reif sein sollten, nach dem Entfernen der Kelche und Stängel auch im Ganzen eine Stunde bei mittlerer Hitze in ausreichend Wasser kochen. Anschließend werden sie durch eine mit Mull ausgelegte Kartoffelpresse gedrückt. So bleiben die Schalen und Kerne im Mull zurück. Das ausgepresste Fruchtfleisch sollte danach noch einmal durch ein Haarsieb passiert werden.

JOGURTGELEE

200 g Erdbeeren
300 g Jogurt
1 Prise Vanillearoma
Saft von 1 Orange
6 Blatt weiße Gelatine
3 EL Honig
3 EL Pistazienkerne

BLUTORANGENGELEE

4 Blutorangen
1 Glas Orangensaft
6 Blatt rote Gelatine
1 TL Apfeldicksaft
3 EL gehackte Nüsse

BEERENGELEE

250 ml Kirschsaft
3 EL Hirse
250 g gemischte Beeren
3 EL Honig
Vanillearoma
Zimtpulver
1 EL Agar-Agar

Tipp:

Das Jogurtgelee lässt sich ganz einfach in ein Schokoladengelee verwandeln. Anstelle der Erdbeeren wird ½ Tasse flüssige Schokolade untergerührt.

JOGURTGELEE

(links oben)

Die Erdbeeren verlesen, waschen und gut abtropfen lassen. Im Mixer oder mit dem Pürierstab pürieren. Mit dem Jogurt in einer Schüssel vermischen. Den Erdbeerjogurt mit Vanillearoma verfeinern. Den Orangensaft in einem Topf erhitzen. Die eingeweichte Blattgelatine gut ausdrücken und in dem heißen Orangensaft auflösen. Tropfenweise das Orangengelee unter den Erdbeerjogurt rühren. Das Ganze mit Honig süßen. In dekorative Förmchen füllen und im Kühlschrank vollständig erstarren lassen. Anschließend mit Pistazien bestreuen und servieren.

BLUTORANGENGELEE

(Mitte)

Die Blutorangen schälen und die weiße Innenhaut entfernen. Die Früchte im Mixer pürieren. Den Orangensaft in einem Topf erhitzen. Die eingeweichte, gut ausgedrückte rote Gelatine darin auflösen. Tropfenweise das Orangengelee unter das Püree rühren. Das Ganze mit Apfeldicksaft süßen. In dekorative Förmchen füllen und im Kühlschrank vollständig erstarren lassen. An-

schließend anrichten und mit den gehackten Nüssen bestreut servieren.

BEERENGELEE

(unten)

Den Kirschsaft in einem Topf erhitzen. Die Hirse 8 Minuten darin köcheln lassen. Das Ganze vom Herd nehmen und 10 Minuten ausquellen lassen. Die Beeren zerdrücken. Mit dem Honig, dem Vanillearoma und dem Zimtpulver verfeinern. Mit dem in Wasser aufgelösten Agar-Agar unter die Hirsemasse rühren. Die Masse unter Rühren erhitzen und anschließend vom Herd nehmen. In Gläser füllen, erkalten lassen und servieren.

A gar-Agar – der Name leitet sich vom malaysischen Wort Agar, Alge, her – ist eine durchsichtige, klebrige Substanz, die wie Gelatine verwendet wird. Bei uns ist sie als Pulver, in Stangen- oder Flockenform erhältlich. Vor allem Vegetarier schätzen Agar Agar als Ersatz für die Gelatine, die tierischen Ursprungs ist. Zudem hat Agar-Agar den Vorteil, dass die Speisen eine festere Konsistenz bekommen und nicht so schnell weich werden wie bei der Zubereitung mit Gelatine.

HOLUNDERMUS
PFLAUMENMUS

HOLUNDERMUS

500 g reife Holunderbee-
ren
250 g frische Zwetschgen
250 g reife Birnen
60 g Zucker
je 1/2 TL Nelken- und
Zimtpulver

Tipp:

*Nicht so lange aufbewah-
ren wie andere Sorten, da
weit weniger Zucker ver-
wendet wird.*

PFLAUMENMUS

5 kg Pflaumen
3 EL Zimt
10 Gewürznelken
3 grüne Walnüsse (mit der
grünen Schale)
1 EL Salz

HOLUNDERMUS

(Abbildung auf Seite 12)
Die Holunderbeeren mit einer
Gabel von den Rispen streifen,
verlesen, waschen und gründlich
abtropfen lassen.
Die Zwetschgen waschen, entsteinen und halbieren. Die Birnen waschen, gegebenenfalls
schälen, vierteln und vom Kerngehäuse befreien. Das Obst mit
wenig Wasser, Zucker und den
Gewürzen in einem Topf zum
Kochen bringen. Wenige Minuten sprudelnd kochen lassen und
dabei umrühren. Noch heiß in
die vorbereiteten Gläser füllen.

*Wie die Beeren, lassen sich
auch die Blüten des Holun-
ders sehr gut verwenden: für Tee,
für Sirup, Sekt, der innerhalb
weniger Tage gärt, nicht zuletzt
kann man daraus ein fabelhaftes
Dessert zubereiten, in dem man
sie durch einen leichten Pfannkuchenteig zieht und in heißem
Fett ausbäckt.*

PFLAUMENMUS

(Abbildung)
Die Pflaumen gründlich waschen
und entsteinen. Etwa 10 Pflaumenkerne aufheben. Die Pflaumen in einen sehr großen Topf
mit 1–2 Litern Wasser geben.
Den Zimt darüber verteilen. Die
Gewürznelken in ein sauberes
Stück Nessel fest einbinden, die
10 Pflaumenkerne mit einem
Hammer etwas zerkleinern,
ebenfalls in ein Nesselsäckchen
binden. Beide Gewürzsäckchen
zu den Pflaumen geben.
Das Ganze zum Kochen bringen
und immer wieder umrühren.
Wenn die Pflaumen kochen, die
Walnüsse mit der grünen Außen-
schale und das Salz hinzufügen.
Sofort nach dem ersten Aufkochen auf mittlerer Hitze zurück-
schalten und ständig mit einem
Holzlöffel umrühren. So kann die
Masse nicht am Topfboden anset-
zen.
Nach 1 Stunde die Nelken, Walnüsse und Kerne entfernen. Das
Pflaumenmus so lange köcheln,
bis es nicht mehr vom Löffel
tropft. Den Topf vom Herd nehmen, das Mus noch heiß in
Schraubgläser oder Tontöpfchen
abfüllen und diese verschließen.

DIE REZEPTE NACH GRUPPEN

Soweit nicht anders angegeben, sind die Rezepte für vier Personen berechnet.

Suppen, Salate, Vorspeisen und kleine Gerichte

Ananascreme mit Kokos	48
Apfelpfannkuchen mit Apfel-weinschaum	32
Apfel-Reis Auflauf	72
Auflauf von Äpfeln und Brot	34
Avocadosalat mit Krabben	38
Avocadovorspeise mit Kürbis-sprossen	36
Blaubeersuppe	42
Brotsuppe mit Dörrobst	44
Erdbeermüsli	40
Geflügelsalat mit rosa Grapefruit	70
Grapefruitsalat mit Krokant	50
Heidelbeerpfannkuchen	52
Himbeermüsli	40
Holunderbeersuppe	54
Holunderkuchen	56
Jogurt mit Waldfrüchten	46
Kartoffelkuchen mit Heidelbeeren	60
Kartoffelsuppe mit Zwetschgen-kuchen	58
Kirschsuppe	64
Koko-Jogurt mit Banane	46
Kopfsalat mit frischen Erdbeeren	62
Maisgrießauflauf mit Sauer-kirschen	72
Mandarinensalat mit Palm-herzen	66
Salatschüssel mit Früchten	68
Weinsuppe	64
Ziegenkäse mit Birnen	44
Zitruscreme mit Nüssen	48

Hauptgerichte mit Früchten und Fruchtsaucen

Bierfleisch mit Kümmel und Apfelscheiben	76
Blätterteiglendchen auf Kiwisauce	78
Gänsebraten mit Bratäpfeln	80
Geschmorte Rehhaxen mit Kirschsauce	82
Kalbsbrust mit Stachelbeeren	86
Kaninchenrücken mit Trauben und Mostsauce	84
Langusten mit Orangensauce	88
Rehschnitte mit Orangen	90
Schweinekamm mit Preisel-beeren	92
Schweinekarree mit Back-pflaumen	94
Shrimps mit Ananas und Litschis	96
Truthahngeschnetzeltes in Orangensauce	98
Wildschwein in Pflaumen-Schoko-Sauce	102
Wildschweinsteaks mit Hagebuttensauce	100

Fruchtige Desserts, Kuchen und Sorbets

Apfelbrioches	110
Apfelkuchen	106

Apfelstrudel	108
Bananensahne auf aromatisierten	
Brombeeren	112
Beerenkaltschale	140
Beerenquark	122
Beeren-Quark-Terrine	114
Brombeersorbet	144
Cassata	116
Erdbeertorte mit Campari	118
Errötende Jungfrau	130
Exotischer Obstsalat	120
Früchte im Hemd	126
Früchtekuchen	124
Gefüllte Melone	128
Heidelbeer-Kefir-Sorbet	132
Jogurtmousse mit Wald-	
früchten	134
Johannisbeersorbet	144
Kirschenflan	110
Kirschen-Quarkspeise	114
Omelett mit Kiwi-Eis und	
exotischen Früchten	136
Orangencreme	138
Panna cotta mit Balsamico-	
Erdbeeren	142
Pflaumenkaltschale	140
Rote Grütze	130
Rote Grütze mit Sago	130
Vanillesauce	130
Waldbeeren mit Vanille-	
schaum	122
Zitronensorbet	144

Getränke mit und ohne Alkohol

Air Jurek	148

Bananenmilch	154
Dickmilch mit Orange	150
Erdbeer-Buttermilch	154
Himbeer-Kefir	150
Horchata de Melon	152
Johannisbeertee	166
Orangendrink	156
Orangen-Cocktail	156
Pfirsich mit Buttermilch	150
Pfirsichbowle mit Himbeeren	158
Rumtopf	160
Sangria	162
Summertime	154
Teebowle mit Sommer-	
früchten	164
Tropical Teecocktail	166
Zitrusbowle	168

Marmeladen, Gelees & Co.

Apfelgelee mit Cidre	180
Aprikosen-Chutney	178
Aprikosenmarmelade	172
Beerengelee	182
Birnen in Essig	176
Blutorangengelee	182
Hagebuttenmarmelade	180
Holundermus	184
Jogurtgelee	182
Mango-Chutney	178
Melone in Calvados	174
Pfirsich-Chutney	178
Pflaumenmus	184
Portweinfeigen	174
Quittengelee	172
Süßsaure Kirschen	176

Soweit nicht anders angegeben, sind die Rezepte für
vier Personen berechnet.

Air Jurek	148	**E**rdbeer-Buttermilch	154
Ananascreme mit Kokos	48	Erdbeermüsli	40
Apfelbrioches	110	Erdbeertorte mit Campari	118
Apfelgelee mit Cidre und		Errötende Jungfrau	130
Calvados	180	Exotischer Obstsalat	120
Apfelkuchen 106			
Apfelpfannkuchen mit		**F**rüchte im Hemd	126
Apfelweinschaum	32	Früchtekuchen	124
Apfel-Reis-Auflauf	72		
Apfelstrudel	108	**G**änsebraten mit Bratäpfeln	80
Aprikosen-Chutney	178	Geflügelsalat mit rosa	
Aprikosenmarmelade	172	Grapefruit	70
Auflauf von Äpfeln und Brot	34	Gefüllte Melone	128
Avocadosalat mit Krabben	38	Geschmorte Rehhaxen mit	
Avocadovorspeise mit Kürbis-		Kirschsauce	82
sprossen	36	Grapefruitsalat mit Krokant	50
Bananenmilch	154	**H**agebuttenmarmelade	180
Bananensahne auf aromatisierten		Heidelbeer-Kefir-Sorbet	132
Brombeeren	112	Heidelbeerpfannkuchen	52
Beerengelee	182	Himbeer-Kefir	150
Beerenkaltschale	140	Himbeermüsli	40
Beerenquark	122	Holunderbeersuppe	54
Beeren-Quark-Terrine	114	Holunderkuchen	56
Bierfleisch mit Kümmel und		Holundermus	184
Apfelscheiben	76	Horchata de Melon	152
Birnen in Essig	176		
Blätterteiglendchen auf Kiwi-		**J**ogurt mit Waldfrüchten	46
sauce	78	Jogurtgelee	182
Blaubeersuppe	42	Jogurtmousse mit Wald-	
Blutorangengelee	182	früchten	134
Brombeersorbet	144	Johannisbeersorbet	144
Brotsuppe mit Dörrobst	44	Johannisbeertee	166
Cassata	116	**K**albsbrust mit Stachelbeeren	86
		Kaninchenrücken mit Trauben	
Dickmilch mit Orange	150	und Mostsauce	84

Kartoffelkuchen mit Heidel-		Rehschnitte mit Orangen	90
beeren	60	Rote Grütze	130
Kartoffelsuppe mit Zwetschgen-		Rote Grütze mit Sago	130
kuchen	58	Rumtopf	160
Kirschenflan	110		
Kirschen-Quarkspeise	114		
Kirschsuppe	64	Salatschüssel mit Früchten	68
Koko-Jogurt mit Banane	46	Sangria	162
Kopfsalat mit frischen Erd-		Schweinekamm mit Preisel-	
beeren	62	beeren	92
		Schweinekarree mit Back-	
Langusten mit Orangensauce	88	pflaumen	94
		Shrimps mit Ananas und	
Maisgrießauflauf mit Sauer-		Litschis	96
kirschen	72	Süßsaure Kirschen	176
Mandarinensalat mit Palm-		Summertime	154
herzen	66		
Mango-Chutney	178	Teebowle mit Sommer-	
Melone in Calvados	174	früchten	164
		Tropical Teecocktail	166
Omelett mit Kiwi-Eis und		Truthahngeschnetzeltes in	
exotischen Früchten	136	Orangensauce	98
Orangencreme	138		
Orangendrink	156	Vanillesauce	130
Orangen-Cocktail	156		
		Waldbeeren mit Vanille-	
Panna cotta mit Balsamico-		schaum	122
Erdbeeren	142	Weinsuppe	64
Pfirsich mit Buttermilch	150	Wildschwein in Pflaumen-	
Pfirsichbowle mit		Schoko-Sauce	102
Himbeeren	158	Wildschweinsteaks mit	
Pfirsich-Chutney	178	Hagebuttensauce	100
Pflaumenkaltschale	140		
Pflaumenmus	184	Ziegenkäse mit Birnen	44
Portweinfeigen	174	Zitronensorbet	144
		Zitrusbowle	168
Quittengelee	172	Zitruscreme mit Nüssen	48

BILDQUELLEN
IMPRESSUM

Bildquellen:

alle Bilder Sigloch Edition/Bildarchiv
Rezeptbilder: Hans Joachim Döbbelin
Landschaftsbilder: Achim Sperber

© Sigloch Edition Buchbinderei, Am Buchberg 8, 74572 Blaufelden
Internet: http://www.sigloch.de
Nachdruck verboten. Alle Rechte vorbehalten. Printed in Latvia.
Druck: Preses Nams Corp.
Papier: 135 g/m² UPM Finesse premium silk.
Ein Produkt der UPM Kymmene Fine Paper GmbH, Dörpen
Bindearbeiten: Sigloch Edition Buchbinderei, Am Buchberg 8,
74572 Blaufelden

ISBN: 3-89393-276-3

REIHENWEISE
KULINARISCHE KÖSTLICHKEITEN

REIS

NUDELN

VITAMINE

SUPPEN & EINTÖPFE

AKTIV & VITAL

FRANKEN
Kulinarische Streifzüge

SCHWABEN
Kulinarische Streifzüge

SCHLESWIG·HOLSTEIN
Kulinarische Streifzüge

BAYERN
Kulinarische Streifzüge

MECKLENBURG
Kulinarische Streifzüge

SACHSEN
Kulinarische Streifzüge

THÜRINGEN
Kulinarische Streifzüge

BADEN
Kulinarische Streifzüge

BERLIN BRANDENBURG
Kulinarische Streifzüge

NIEDERSACHSEN
Kulinarische Streifzüge

SCHWEIZ
Kulinarische Streifzüge

DEUTSCHLAND
Kulinarische Streifzüge
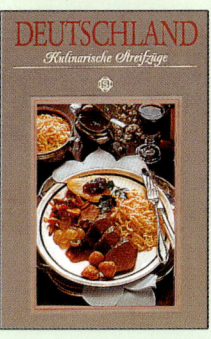

FRANKREICH
Kulinarische Streifzüge

EUROPA
Kulinarische Streifzüge

MEXIKO
Kulinarische Streifzüge